KB203436

내 아이를 위한

태교
잠언
쓰기

해든아침

내 아이를 위한
태교 잠언 쓰기

초판 1쇄 발행일 2015년 10월 25일
초판 4쇄 발행일 2018년 10월 2일

펴낸이 김지영 **펴낸곳** 지브레인^{Gbrin}
편집 김현주
제작 · 관리 김동영 **마케팅** 조명구

출판등록 2001년 7월 3일 제2005-000022호
주소 04021 서울시 마포구 월드컵로7길 88 2층
전화 (02)2648-7224 **팩스** (02)2654-7696

ISBN 978-89-5979-432-4(03230)

사랑하는

에게

너의 첫 사진이란다. 신기하지?

너를 처음 만난 날 엄마는……

자녀를 위한 기도

주여 내 아이가 이런 사람이 되게 하소서

약할 때 자기를 분별할 수 있는 강한 힘과
두려울 때 자신을 잃지 않는 용기를 가지고
정직한 패배에 부끄러워하지 않으며
승리에 겸손하고 온유한 사람이 되게 하소서

자신이 한 일에 책임질 줄 알고
하나님을 아는 사람이 되게 하시며
굳건한 인생을 이루어가게 하소서

내 아이를 요행과 안락의 길로 인도하지 마시고
폭풍우 속에서도 일어설 줄 알고
패배한 자를 불쌍히 여길 줄 아는 사람이 되게 하소서
늘 깨끗한 마음 속에서 높은 이상을 가지며
남을 다스리려고 하기 전에 먼저 자신을 다스리는 자 되게 하시고

기쁠 때는 함께 웃을 줄 알고
슬플 때는 같이 울어줄 수 있는 사람이 되게 하시며
미래를 바라보면서도 과거를 잊지 않는 사람이 되게 하소서

그 위에 유머를 알게 하시어
인생을 엄숙하게 살아가면서도
삶을 즐길 줄 아는 마음과
겸손한 마음을 갖게 하소서

그리고
참으로 위대한 것은 소박한 데에 있다는 것과
참된 지혜는 넓은 아량에서 솟는다는 것과
참된 힘은 너그러움에 있다는 것을
항상 명심하는 사람이 되게 하소서

그리하여
그의 아버지인 저는
헛된 인생을 살지 않았노라고
나직히 속삭일 수 있게 하소서

맥아더 장군의 기도문

이런 아이로

자라게 해주세요

내 아이를 위한 태교

잠언 쓰기

1장

1 다윗의 아들 이스라엘 왕 솔로몬의 잠언이라

2 이는 지혜와 훈계를 알게 하며 명철의 말씀을 깨닫게 하며

3 지혜롭게, 공의롭게, 정의롭게, 정직하게 행할 일에 대하여 훈계를 받
게 하며

4 어리석은 자를 슬기롭게 하며 젊은 자에게 지식과 근신함을 주기 위
한 것이니

5 지혜 있는 자는 듣고 학식이 더할 것이요 명철한 자는 지략을 얻을
것이라

6 잠언과 비유와 지혜 있는 자의 말과 그 오묘한 말을 깨달으리라

7 여호와를 경외하는 것이 지식의 근본이거늘 미련한 자는 지혜와 훈계를 멸시하느니라

8 내 아들아 네 아비의 훈계를 들으며 네 어미의 법을 떠나지 말라

9 이는 네 머리의 아름다운 관이요 네 목의 금 사슬이니라

10 내 아들아 악한 자가 너를 꾈지라도 따르지 말라

11 그들이 네게 말하기를 우리와 함께 가자 우리가 가만히 엎드렸다가 사람의 피를 흘리자 죄 없는 자를 까닭 없이 숨어 기다리다가

12 스올 같이 그들을 산 채로 삼키며 무덤에 내려가는 자들 같이 통으로 삼키자

13 우리가 온갖 보화를 얻으며 빼앗은 것으로 우리 집을 채우리니

14 너는 우리와 함께 제비를 뽑고 우리가 함께 전대 하나만 두자 할지라도

15 내 아들아 그들과 함께 길에 다니지 말라 네 발을 금하여 그 길을 밟지 말라

16 대저 그 발은 악으로 달려가며 피를 흘리는 데 빠름이니라

17 새가 보는 데서 그물을 치면 헛일이겠거늘

18 그들이 가만히 엎드림은 자기의 피를 흘릴 뿐이요 숨어 기다림은 자기의 생명을 해할 뿐이니

19 이익을 탐하는 모든 자의 길은 다 이러하여 자기의 생명을 잃게 하느니라

20 지혜가 길거리에서 부르며 광장에서 소리를 높이며

21 시끄러운 길목에서 소리를 지르며 성문 어귀와 성중에서 그 소리를
발하여 이르되

22 너희 어리석은 자들은 어리석음을 좋아하며 거만한 자들은 거만을
기뻐하며 미련한 자들은 지식을 미워하니 어느 때까지 하겠느냐

23 나의 책망을 듣고 돌이키라 보라 내가 나의 영을 너희에게 부어 주며
내 말을 너희에게 보이리라

24 내가 불렀으나 너희가 듣기 싫어하였고 내가 손을 폈으나 돌아보는
자가 없었고

25 도리어 나의 모든 교훈을 멸시하며 나의 책망을 받지 아니하였은즉

26 너희가 재앙을 만날 때에 내가 웃을 것이며 너희에게 두려움이 임할
때에 내가 비웃으리라

27 너희의 두려움이 광풍 같이 임하겠고 너희의 재앙이 폭풍 같이 이르겠고 너희에게 근심과 슬픔이 임하리니

28 그 때에 너희가 나를 부르리라 그래도 내가 대답하지 아니하겠고 부지런히 나를 찾으리라 그래도 나를 만나지 못하리니

29 대저 너희가 지식을 미워하며 여호와 경외하기를 즐거워하지 아니하며

30 나의 교훈을 받지 아니하고 나의 모든 책망을 업신여겼음이니라

31 그러므로 자기 행위의 열매를 먹으며 자기 꾀에 배부르리라

32 어리석은 자의 퇴보는 자기를 죽이며 미련한 자의 안일은 자기를 멸망시키려니와

33 오직 내 말을 듣는 자는 평안히 살며 재앙의 두려움이 없이 안전하리라

2장

1 내 아들아 네가 만일 나의 말을 받으며 나의 계명을 네게 간직하며

2 네 귀를 지혜에 기울이며 네 마음을 명철에 두며

3 지식을 불러 구하며 명철을 얻으려고 소리를 높이며

4 은을 구하는 것 같이 그것을 구하며 감추어진 보배를 찾는 것 같이 그것을 찾으면

5 여호와 경외하기를 깨달으며 하나님을 알게 되리니

6 대저 여호와는 지혜를 주시며 지식과 명철을 그 입에서 내심이며

7 그는 정직한 자를 위하여 완전한 지혜를 예비하시며 행실이 온전한 자에게 방패가 되시나니

8 대저 그는 정의의 길을 보호하시며 그의 성도들의 길을 보전하려 하심 이니라

9 그런즉 네가 공의와 정의와 정직 곧 모든 선한 길을 깨달을 것이라

10 곧 지혜가 네 마음에 들어가며 지식이 네 영혼을 즐겁게 할 것이요

11 근신이 너를 지키며 명철이 너를 보호하여

12 악한 자의 길과 패역을 말하는 자에게서 건져 내리라

13 이 무리는 정직한 길을 떠나 어두운 길로 행하며

14 행악하기를 기뻐하며 악인의 패역을 즐거워하나니

15 그 길은 구부러지고 그 행위는 패역하니라

16 지혜가 또 너를 음녀에게서, 말로 호리는 이방 계집에게서 구원하리니

17 그는 젊은 시절의 짝을 버리며 그의 하나님의 언약을 잊어버린 자라

18 그의 집은 사망으로, 그의 길은 스올로 기울어졌나니

19 누구든지 그에게로 가는 자는 돌아오지 못하며 또 생명 길을 얻지 못하느니라

20 지혜가 너를 선한 자의 길로 행하게 하며 또 의인의 길을 지키게 하리니

21 대저 정직한 자는 땅에 거하며 완전한 자는 땅에 남아 있으리라

22 그러나 악인은 땅에서 끊어지겠고 간사한 자는 땅에서 뽑히리라

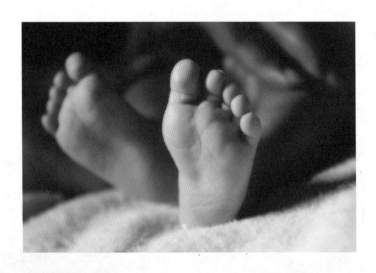

1 내 아들아 나의 법을 잊어버리지 말고 네 마음으로 나의 명령을 지키라

2 그리하면 그것이 네가 장수하여 많은 해를 누리게 하며 평강을 더하게 하리라

3 인자와 진리가 네게서 떠나지 말게 하고 그것을 네 목에 매며 네 마음판에 새기라

4 그리하면 네가 하나님과 사람 앞에서 은총과 귀중히 여김을 받으리라

5 너는 마음을 다하여 여호와를 신뢰하고 네 명철을 의지하지 말라

6 너는 범사에 그를 인정하라 그리하면 네 길을 지도하시리라

7 스스로 지혜롭게 여기지 말지어다 여호와를 경외하며 악을 떠날지어다

8 이것이 네 몸에 양약이 되어 네 골수를 윤택하게 하리라

9 네 재물과 네 소산물의 처음 익은 열매로 여호와를 공경하라

10 그리하면 네 창고가 가득히 차고 네 포도즙 틀에 새 포도즙이 넘치리라

11 내 아들아 여호와의 징계를 경히 여기지 말라 그 꾸지람을 싫어하지 말라

12 대저 여호와께서 그 사랑하시는 자를 징계하시기를 마치 아비가 그 기뻐하는 아들을 징계함 같이 하시느니라

13 지혜를 얻은 자와 명철을 얻은 자는 복이 있나니

14 이는 지혜를 얻는 것이 은을 얻는 것보다 낫고 그 이익이 정금보다 나음이니라

15 지혜는 진주보다 귀하니 네가 사모하는 모든 것으로도 이에 비교할 수 없도다

16 그의 오른손에는 장수가 있고 그의 왼손에는 부귀가 있나니

17 그 길은 즐거운 길이요 그의 지름길은 다 평강이니라

18 지혜는 그 얻은 자에게 생명 나무라 지혜를 가진 자는 복되도다

19 여호와께서는 지혜로 땅에 터를 놓으셨으며 명철로 하늘을 견고히 세우셨고

20 그의 지식으로 깊은 바다를 갈라지게 하셨으며 공중에서 이슬이 내리게 하셨느니라

21 내 아들아 완전한 지혜와 근신을 지키고 이것들이 네 눈 앞에서 떠나지 말게 하라

22 그리하면 그것이 네 영혼의 생명이 되며 네 목에 장식이 되리니

23 네가 네 길을 평안히 행하겠고 네 발이 거치지 아니하겠으며

24 네가 누울 때에 두려워하지 아니하겠고 네가 누운즉 네 잠이 달리로다

25 너는 갑작스러운 두려움도 악인에게 닥치는 멸망도 두려워하지 말라

26 대저 여호와는 네가 의지할 이시니라 네 발을 지켜 걸리지 않게 하시리라

27 네 손이 선을 베풀 힘이 있거든 마땅히 받을 자에게 베풀기를 아끼지 말며

28 네게 있거든 이웃에게 이르기를 갔다가 다시 오라 내일 주겠노라 하지 말며

29 네 이웃이 네 곁에서 평안히 살거든 그를 해하려고 꾀하지 말며

30 사람이 네게 악을 행하지 아니하였거든 까닭 없이 더불어 다투지 말며

31 포학한 자를 부러워하지 말며 그의 어떤 행위도 따르지 말라

32 대저 패역한 자는 여호와께서 미워하시나 정직한 자에게는 그의 교통하심이 있으며

33 악인의 집에는 여호와의 저주가 있거니와 의인의 집에는 복이 있느니라

34 진실로 그는 거만한 자를 비웃으시며 겸손한 자에게 은혜를 베푸시나니

35 지혜로운 자는 영광을 기업으로 받거니와 미련한 자의 영달함은 수치가 되느니라

4장

1 아들들아 아비의 훈계를 들으며 명철을 얻기에 주의하라

2 내가 선한 도리를 너희에게 전하노니 내 법을 떠나지 말라

3 나도 내 아버지에게 아들이었으며 내 어머니 보기에 유약한 외아들이
  었노라

4 아버지가 내게 가르쳐 이르기를 내 말을 네 마음에 두라 내 명령을
  지키라 그리하면 살리라

5 지혜를 얻으며 명철을 얻으라 내 입의 말을 잊지 말며 어기지 말라

6 지혜를 버리지 말라 그가 너를 보호하리라 그를 사랑하라 그가 너를
  지키리라

7 지혜가 제일이니 지혜를 얻으라 네가 얻은 모든 것을 가지고 명철을 얻을지니라

8 그를 높이라 그리하면 그가 너를 높이 들리라 만일 그를 품으면 그가 너를 영화롭게 하리라

9 그가 아름다운 관을 네 머리에 두겠고 영화로운 면류관을 네게 주리라 하셨느니라

10 내 아들아 들으라 내 말을 받으라 그리하면 네 생명의 해가 길리라

11 내가 지혜로운 길을 네게 가르쳤으며 정직한 길로 너를 인도하였은즉

12 다닐 때에 네 걸음이 곤고하지 아니하겠고 달려갈 때에 실족하지 아니하리라

13 훈계를 굳게 잡아 놓치지 말고 지키라 이것이 네 생명이니라

14 사악한 자의 길에 들어가지 말며 악인의 길로 다니지 말지어다

15 그의 길을 피하고 지나가지 말며 돌이켜 떠나갈지어다

16 그들은 악을 행하지 못하면 자지 못하며 사람을 넘어뜨리지 못하면 잠이 오지 아니하며

17 불의의 떡을 먹으며 강포의 술을 마심이니라

18 의인의 길은 돋는 햇살 같아서 크게 빛나 한낮의 광명에 이르거니와

19 악인의 길은 어둠 같아서 그가 걸려 넘어져도 그것이 무엇인지 깨닫지 못하느니라

20 내 아들아 내 말에 주의하며 내가 말하는 것에 네 귀를 기울이라

21 그것을 네 눈에서 떠나게 하지 말며 네 마음 속에 지키라

22 그것은 얻는 자에게 생명이 되며 그의 온 육체의 건강이 됨이니라

23 모든 지킬 만한 것 중에 더욱 네 마음을 지키라 생명의 근원이 이에서 남이니라

24 구부러진 말을 네 입에서 버리며 비뚤어진 말을 네 입술에서 멀리 하라

25 네 눈은 바로 보며 네 눈꺼풀은 네 앞을 곧게 살펴

26 네 발이 행할 길을 평탄하게 하며 네 모든 길을 든든히 하라

27 좌로나 우로나 치우치지 말고 네 발을 악에서 떠나게 하라

5장

1 내 아들아 내 지혜에 주의하며 내 명철에 네 귀를 기울여서

2 근신을 지키며 네 입술로 지식을 지키도록 하라

3 대저 음녀의 입술은 꿀을 떨어뜨리며 그의 입은 기름보다 미끄러우나

4 나중은 쑥 같이 쓰고 두 날 가진 칼 같이 날카로우며

5 그의 발은 사지로 내려가며 그의 걸음은 스올로 나아가나니

6 그는 생명의 평탄한 길을 찾지 못하며 자기 길이 든든하지 못하여도
그것을 깨닫지 못하느니라

7 그런즉 아들들아 나에게 들으며 내 입의 말을 버리지 말고

8 네 길을 그에게서 멀리 하라 그의 집 문에도 가까이 가지 말라

9 두렵건대 네 존영이 남에게 잃어버리게 되며 네 수한이 잔인한 자에게 빼앗기게 될까 하노라

10 두렵건대 타인이 네 재물로 충족하게 되며 네 수고한 것이 외인의 집에 있게 될까 하노라

11 두렵건대 마지막에 이르러 네 몸, 네 육체가 쇠약할 때에 네가 한탄하여

12 말하기를 내가 어찌하여 훈계를 싫어하며 내 마음이 꾸지람을 가벼이 여기고

13 내 선생의 목소리를 청종하지 아니하며 나를 가르치는 이에게 귀를 기울이지 아니하였던고

14 많은 무리들이 모인 중에서 큰 악에 빠지게 되었노라 하게 될까 염려하노라

15 너는 네 우물에서 물을 마시며 네 샘에서 흐르는 물을 마시라

16 어찌하여 네 샘물을 집 밖으로 넘치게 하며 네 도랑물을 거리로 흘러가게 하겠느냐

17 그 물이 네게만 있게 하고 타인과 더불어 그것을 나누지 말라

18 네 샘으로 복되게 하라 네가 젊어서 취한 아내를 즐거워하라

19 그는 사랑스러운 암사슴 같고 아름다운 암노루 같으니 너는 그의 품을 항상 족하게 여기며 그의 사랑을 항상 연모하라

20 내 아들아 어찌하여 음녀를 연모하겠으며 어찌하여 이방 계집의 가슴을 안겠느냐

21 대저 사람의 길은 여호와의 눈 앞에 있나니 그가 그 사람의 모든 길을 평탄하게 하시느니라

22 악인은 자기의 악에 걸리며 그 죄의 줄에 매이나니

23 그는 훈계를 받지 아니함으로 말미암아 죽겠고 심히 미련함으로 말미암아 혼미하게 되느니라

1 내 아들아 네가 만일 이웃을 위하여 담보하며 타인을 위하여 보증하였으면

2 네 입의 말로 네가 얽혔으며 네 입의 말로 인하여 잡히게 되었느니라

3 내 아들아 네가 네 이웃의 손에 빠졌은즉 이같이 하라 너는 곧 가서 겸손히 네 이웃에게 간구하여 스스로 구원하되

4 네 눈을 잠들게 하지 말며 눈꺼풀을 감기게 하지 말고

5 노루가 사냥꾼의 손에서 벗어나는 것 같이, 새가 그물 치는 자의 손에서 벗어나는 것 같이 스스로 구원하라

6 게으른 자여 개미에게 가서 그가 하는 것을 보고 지혜를 얻으라

7 개미는 두령도 없고 감독자도 없고 통치자도 없으되

8 먹을 것을 여름 동안에 예비하며 추수 때에 양식을 모으느니라

9 게으른 자여 네가 어느 때까지 누워 있겠느냐 네가 어느 때에 잠이 깨어 일어나겠느냐

10 좀더 자자, 좀더 졸자, 손을 모으고 좀더 누워 있자 하면

11 네 빈궁이 강도 같이 오며 네 곤핍이 군사 같이 이르리라

12 불량하고 악한 자는 구부러진 말을 하고 다니며

13 눈짓을 하며 발로 뜻을 보이며 손가락질을 하며

14 그의 마음에 패역을 품으며 항상 악을 꾀하여 다툼을 일으키는 자라

15 그러므로 그의 재앙이 갑자기 내려 당장에 멸망하여 살릴 길이 없으리라

16 여호와께서 미워하시는 것 곧 그의 마음에 싫어하시는 것이 예닐곱 가지이니

17 곧 교만한 눈과 거짓된 혀와 무죄한 자의 피를 흘리는 손과

18 악한 계교를 꾀하는 마음과 빨리 악으로 달려가는 발과

19 거짓을 말하는 망령된 증인과 및 형제 사이를 이간하는 자이니라

20 내 아들아 네 아비의 명령을 지키며 네 어미의 법을 떠나지 말고

21 그것을 항상 네 마음에 새기며 네 목에 매라

22 그것이 네가 다닐 때에 너를 인도하며 네가 잘 때에 너를 보호하며 네가 깰 때에 너와 더불어 말하리니

23 대저 명령은 등불이요 법은 빛이요 훈계의 책망은 곧 생명의 길이라

24 이것이 너를 지켜 악한 여인에게, 이방 여인의 혀로 호리는 말에 빠지지 않게 하리라

25 네 마음에 그의 아름다움을 탐하지 말며 그 눈꺼풀에 홀리지 말라

26 음녀로 말미암아 사람이 한 조각 떡만 남게 됨이며 음란한 여인은 귀한 생명을 사냥함이니라

27 사람이 불을 품에 품고서야 어찌 그의 옷이 타지 아니하겠으며

28 사람이 숯불을 밟고서야 어찌 그의 발이 데지 아니하겠느냐

29 남의 아내와 통간하는 자도 이와 같을 것이라 그를 만지는 자마다 벌을 면하지 못하리라

30 도둑이 만일 주릴 때에 배를 채우려고 도둑질하면 사람이 그를 멸시하지는 아니하려니와

31 들키면 칠 배를 갚아야 하리니 심지어 자기 집에 있는 것을 다 내주게 되리라

32 여인과 간음하는 자는 무지한 자라 이것을 행하는 자는 자기의 영혼을 망하게 하며

33 상함과 능욕을 받고 부끄러움을 씻을 수 없게 되나니

34 남편이 투기로 분노하여 원수 갚는 날에 용서하지 아니하고

35 어떤 보상도 받지 아니하며 많은 선물을 줄지라도 듣지 아니하리라

7장

1 내 아들아 내 말을 지키며 내 계명을 간직하라

2 내 계명을 지켜 살며 내 법을 네 눈동자처럼 지키라

3 이것을 네 손가락에 매며 이것을 네 마음판에 새기라

4 지혜에게 너는 내 누이라 하며 명철에게 너는 내 친족이라 하라

5 그리하면 이것이 너를 지켜서 음녀에게, 말로 호리는 이방 여인에게 빠지지 않게 하리라

6 내가 내 집 들창으로, 살창으로 내다 보다가

7 어리석은 자 중에, 젊은이 가운데에 한 지혜 없는 자를 보았노라

8 그가 거리를 지나 음녀의 골목 모퉁이로 가까이 하여 그의 집쪽으로 가는데

9 저물 때, 황혼 때, 깊은 밤 흑암 중에라

10 그 때에 기생의 옷을 입은 간교한 여인이 그를 맞으니

11 이 여인은 떠들며 완악하며 그의 발이 집에 머물지 아니하여

12 어떤 때에는 거리, 어떤 때에는 광장 또 모퉁이마다 서서 사람을 기다리는 자라

13 그 여인이 그를 붙잡고 그에게 입맞추며 부끄러움을 모르는 얼굴로 그에게 말하되

14 내가 화목제를 드려 서원한 것을 오늘 갚았노라

15 이러므로 내가 너를 맞으려고 나와 네 얼굴을 찾다가 너를 만났도다

16 내 침상에는 요와 애굽의 무늬 있는 이불을 폈고

17 몰약과 침향과 계피를 뿌렸노라

18 오라 우리가 아침까지 흡족하게 서로 사랑하며 사랑함으로 희락하자

19 남편은 집을 떠나 먼 길을 갔는데

20 은 주머니를 가졌은즉 보름 날에나 집에 돌아오리라 하여

21 여러 가지 고운 말로 유혹하며 입술의 호리는 말로 꾀므로

22 젊은이가 곧 그를 따랐으니 소가 도수장으로 가는 것 같고 미련한 자가 벌을 받으려고 쇠사슬에 매이러 가는 것과 같도다

23 필경은 화살이 그 간을 뚫게 되리라 새가 빨리 그물로 들어가되 그의 생명을 잃어버릴 줄을 알지 못함과 같으니라

24 이제 아들들아 내 말을 듣고 내 입의 말에 주의하라

25 네 마음이 음녀의 길로 치우치지 말며 그 길에 미혹되지 말지어다

26 대저 그가 많은 사람을 상하여 엎드러지게 하였나니 그에게 죽은 자가 허다하니라

27 그의 집은 스올의 길이라 사망의 방으로 내려가느니라

8장

1 지혜가 부르지 아니하느냐 명철이 소리를 높이지 아니하느냐

2 그가 길 가의 높은 곳과 네거리에 서며

3 성문 곁과 문 어귀와 여러 출입하는 문에서 불러 이르되

4 사람들아 내가 너희를 부르며 내가 인자들에게 소리를 높이노라

5 어리석은 자들아 너희는 명철할지니라 미련한 자들아 너희는 마음이 밝을지니라

6 너희는 들을지어다 내가 가장 선한 것을 말하리라 내 입술을 열어 정직을 내리라

7 내 입은 진리를 말하며 내 입술은 악을 미워하느니라

8 내 입의 말은 다 의로운즉 그 가운데에 굽은 것과 패역한 것이 없나니

9 이는 다 총명 있는 자가 밝히 아는 바요 지식 얻은 자가 정직하게 여기는 바니라

10 너희가 은을 받지 말고 나의 훈계를 받으며 정금보다 지식을 얻으라

11 대저 지혜는 진주보다 나으므로 원하는 모든 것을 이에 비교할 수 없음이니라

12 나 지혜는 명철로 주소를 삼으며 지식과 근신을 찾아 얻나니

13 여호와를 경외하는 것은 악을 미워하는 것이라 나는 교만과 거만과 악한 행실과 패역한 입을 미워하느니라

14 내게는 계략과 참 지식이 있으며 나는 명철이라 내게 능력이 있으므로

15 나로 말미암아 왕들이 치리하며 방백들이 공의를 세우며

16 나로 말미암아 재상과 존귀한 자 곧 모든 의로운 재판관들이 다스리느니라

17 나를 사랑하는 자들이 나의 사랑을 입으며 나를 간절히 찾는 자가 나를 만날 것이니라

18 부귀가 내게 있고 장구한 재물과 공의도 그러하니라

19 내 열매는 금이나 정금보다 나으며 내 소득은 순은보다 나으니라

20 나는 정의로운 길로 행하며 공의로운 길 가운데로 다니나니

21 이는 나를 사랑하는 자가 재물을 얻어서 그 곳간에 채우게 하려 함이니라

22 여호와께서 그 조화의 시작 곧 태초에 일하시기 전에 나를 가지셨으며

23 만세 전부터, 태초부터, 땅이 생기기 전부터 내가 세움을 받았나니

24 아직 바다가 생기지 아니하였고 큰 샘들이 있기 전에 내가 이미 났으며

25 산이 세워지기 전에, 언덕이 생기기 전에 내가 이미 났으니

26 하나님이 아직 땅도, 들도, 세상 진토의 근원도 짓지 아니하셨을 때에라

27 그가 하늘을 지으시며 궁창을 해면에 두르실 때에 내가 거기 있었고

28 그가 위로 구름 하늘을 견고하게 하시며 바다의 샘들을 힘 있게 하시며

29 바다의 한계를 정하여 물이 명령을 거스르지 못하게 하시며 또 땅의 기초를 정하실 때에

30 내가 그 곁에 있어서 창조자가 되어 날마다 그의 기뻐하신 바가 되었으며 항상 그 앞에서 즐거워하였으며

31 사람이 거처할 땅에서 즐거워하며 인자들을 기뻐하였느니라

32 아들들아 이제 내게 들으라 내 도를 지키는 자가 복이 있느니라

33 훈계를 들어서 지혜를 얻으라 그것을 버리지 말라

34 누구든지 내게 들으며 날마다 내 문 곁에서 기다리며 문설주 옆에서 기다리는 자는 복이 있나니

35 대저 나를 얻는 자는 생명을 얻고 여호와께 은총을 얻을 것임이니라

36 그러나 나를 잃는 자는 자기의 영혼을 해하는 자라 나를 미워하는 자는 사망을 사랑하느니라

9장

1 지혜가 그의 집을 짓고 일곱 기둥을 다듬고

2 짐승을 잡으며 포도주를 혼합하여 상을 갖추고

3 자기의 여종을 보내어 성중 높은 곳에서 불러 이르기를

4 어리석은 자는 이리로 돌이키라 또 지혜 없는 자에게 이르기를

5 너는 와서 내 식물을 먹으며 내 혼합한 포도주를 마시고

6 어리석음을 버리고 생명을 얻으라 명철의 길을 행하라 하느니라

7 거만한 자를 징계하는 자는 도리어 능욕을 받고 악인을 책망하는 자
는 도리어 흠이 잡히느니라

8 거만한 자를 책망하지 말라 그가 너를 미워할까 두려우니라 지혜 있
는 자를 책망하라 그가 너를 사랑하리라

9 지혜 있는 자에게 교훈을 더하라 그가 더욱 지혜로워질 것이요 의로
운 사람을 가르치라 그의 학식이 더하리라

10 여호와를 경외하는 것이 지혜의 근본이요 거룩하신 자를 아는 것이
명철이니라

11 나 지혜로 말미암아 네 날이 많아질 것이요 네 생명의 해가 네게 더
하리라

12 네가 만일 지혜로우면 그 지혜가 네게 유익할 것이나 네가 만일 거만
하면 너 홀로 해를 당하리라

13 미련한 여인이 떠들며 어리석어서 아무것도 알지 못하고

14 자기 집 문에 앉으며 성읍 높은 곳에 있는 자리에 앉아서

15 자기 길을 바로 가는 행인들을 불러 이르되

16 어리석은 자는 이리로 돌이키라 또 지혜 없는 자에게 이르기를

17 도둑질한 물이 달고 몰래 먹는 떡이 맛이 있다 하는도다

18 오직 그 어리석은 자는 죽은 자들이 거기 있는 것과 그의 객들이 스
올 깊은 곳에 있는 것을 알지 못하느니라

1 솔로몬의 잠언이라 지혜로운 아들은 아비를 기쁘게 하거니와 미련한 아들은 어미의 근심이니라

2 불의의 재물은 무익하여도 공의는 죽음에서 건지느니라

3 여호와께서 의인의 영혼은 주리지 않게 하시나 악인의 소욕은 물리치시느니라

4 손을 게으르게 놀리는 자는 가난하게 되고 손이 부지런한 자는 부하게 되느니라

5 여름에 거두는 자는 지혜로운 아들이나 추수 때에 자는 자는 부끄러움을 끼치는 아들이니라

6 의인의 머리에는 복이 임하나 악인의 입은 독을 머금었느니라

7 의인을 기념할 때에는 칭찬하거니와 악인의 이름은 썩게 되느니라

8 마음이 지혜로운 자는 계명을 받거니와 입이 미련한 자는 멸망하리라

9 바른 길로 행하는 자는 걸음이 평안하려니와 굽은 길로 행하는 자는 드러나리라

10 눈짓하는 자는 근심을 끼치고 입이 미련한 자는 멸망하느니라

11 의인의 입은 생명의 샘이라도 악인의 입은 독을 머금었느니라

12 미움은 다툼을 일으켜도 사랑은 모든 허물을 가리느니라

13 명철한 자의 입술에는 지혜가 있어도 지혜 없는 자의 등을 위하여는 채찍이 있느니라

14 지혜로운 자는 지식을 간직하거니와 미련한 자의 입은 멸망에 가까우니라

15 부자의 재물은 그의 견고한 성이요 가난한 자의 궁핍은 그의 멸망이니라

16 의인의 수고는 생명에 이르고 악인의 소득은 죄에 이르느니라

17 훈계를 지키는 자는 생명 길로 행하여도 징계를 버리는 자는 그릇 가느니라

18 미움을 감추는 자는 거짓된 입술을 가진 자요 중상하는 자는 미련한 자이니라

19 말이 많으면 허물을 면하기 어려우나 그 입술을 제어하는 자는 지혜가 있느니라

20 의인의 혀는 순은과 같거니와 악인의 마음은 가치가 적으니라

21 의인의 입술은 여러 사람을 교육하나 미련한 자는 지식이 없어 죽느니라

22 여호와께서 주시는 복은 사람을 부하게 하고 근심을 겸하여 주지 아니하시느니라

23 미련한 자는 행악으로 낙을 삼는 것 같이 명철한 자는 지혜로 낙을 삼느니라

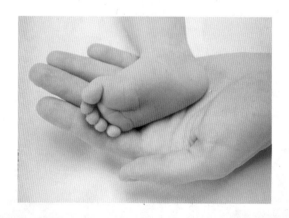

BABY

24 악인에게는 그의 두려워하는 것이 임하거니와 의인은 그 원하는 것이 이루어지느니라

25 회오리바람이 지나가면 악인은 없어져도 의인은 영원한 기초 같으니라

26 게으른 자는 그 부리는 사람에게 마치 이에 식초 같고 눈에 연기 같으니라

27 여호와를 경외하면 장수하느니라 그러나 악인의 수명은 짧아지느니라

28 의인의 소망은 즐거움을 이루어도 악인의 소망은 끊어지느니라

29 여호와의 도가 정직한 자에게는 산성이요 행악하는 자에게는 멸망이니라

30 의인은 영영히 이동되지 아니하여도 악인은 땅에 거하지 못하게 되느니라

31 의인의 입은 지혜를 내어도 패역한 혀는 베임을 당할 것이니라

32 의인의 입술은 기쁘게 할 것을 알거늘 악인의 입은 패역을 말하느니라

11장

1 속이는 저울은 여호와께서 미워하시나 공평한 추는 그가 기뻐하시느 니라

2 교만이 오면 욕도 오거니와 겸손한 자에게는 지혜가 있느니라

3 정직한 자의 성실은 자기를 인도하거니와 사악한 자의 패역은 자기 를 망하게 하느니라

4 재물은 진노하시는 날에 무익하나 공의는 죽음에서 건지느니라

5 완전한 자의 공의는 자기의 길을 곧게 하려니와 악한 자는 자기의 악 으로 말미암아 넘어지리라

6 정직한 자의 공의는 자기를 건지려니와 사악한 자는 자기의 악에 잡 히리라

7 악인은 죽을 때에 그 소망이 끊어지나니 불의의 소망이 없어지느니라

8 의인은 환난에서 구 원을 얻으나 악인은 자기의 길로 가느 니라

9 악인은 입으로 그의 이웃을 망하게 하여도 의인은 그의 지식으로 말미암아 구원을 얻느니라

10 의인이 형통하면 성읍이 즐거워하고 악인이 패망하면 기뻐 외치느니라

11 성읍은 정직한 자의 축복으로 인하여 진흥하고 악한 자의 입으로 말미암아 무너지느니라

12 지혜 없는 자는 그의 이웃을 멸시하나 명철한 자는 잠잠하느니라

13 두루 다니며 한담하는 자는 남의 비밀을 누설하나 마음이 신실한 자는 그런 것을 숨기느니라

14 지략이 없으면 백성이 망하여도 지략이 많으면 평안을 누리느니라

15 타인을 위하여 보증이 되는 자는 손해를 당하여도 보증이 되기를 싫어하는 자는 평안하니라

16 유덕한 여자는 존영을 얻고 근면한 남자는 재물을 얻느니라

17 인자한 자는 자기의 영혼을 이롭게 하고 잔인한 자는 자기의 몸을 해롭게 하느니라

18 악인의 삯은 허무하되 공의를 뿌린 자의 상은 확실하니라

19 공의를 굳게 지키는 자는 생명에 이르고 악을 따르는 자는 사망에 이르느니라

20 마음이 굽은 자는 여호와께 미움을 받아도 행위가 온전한 자는 그의 기뻐하심을 받느니라

21 악인은 피차 손을 잡을지라도 벌을 면하지 못할 것이나 의인의 자손은 구원을 얻으리라

22 아름다운 여인이 삼가지 아니하는 것은 마치 돼지 코에 금 고리 같으니라

23 의인의 소원은 오직 선하나 악인의 소망은 진노를 이루느니라

24 흩어 구제하여도 더욱 부하게 되는 일이 있나니 과도히 아껴도 가난하게 될 뿐이니라

25 구제를 좋아하는 자는 풍족하여질 것이요 남을 윤택하게 하는 자는 자기도 윤택하여지리라

26 곡식을 내놓지 아니하는 자는 백성에게 저주를 받을 것이나 파는 자는 그의 머리에 복이 임하리라

27 선을 간절히 구하는 자는 은총을 얻으려니와 악을 더듬어 찾는 자에게는 악이 임하리라

28 자기의 재물을 의지하는 자는 패망하려니와 의인은 푸른 잎사귀 같아서 번성하리라

29 자기 집을 해롭게 하는 자의 소득은 바람이라 미련한 자는 마음이 지혜로운 자의 종이 되리라

30 의인의 열매는 생명 나무라 지혜로운 자는 사람을 얻느니라

31 보라 의인이라도 이 세상에서 보응을 받겠거든 하물며 악인과 죄인이리요

1 훈계를 좋아하는 자는 지식을 좋아하거니와 징계를 싫어하는 자는 짐승과 같으니라

2 선인은 여호와께 은총을 받으려니와 악을 꾀하는 자는 정죄하심을 받으리라

3 사람이 악으로서 굳게 서지 못하거니와 의인의 뿌리는 움직이지 아니하느니라

4 어진 여인은 그 지아비의 면류관이나 욕을 끼치는 여인은 그 지아비의 뼈가 썩음 같게 하느니라

5 의인의 생각은 정직하여도 악인의 도모는 속임이니라

6 악인의 말은 사람을 엿보아 피를 흘리자 하는 것이거니와 정직한 자의 입은 사람을 구원하느니라

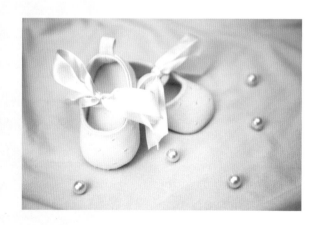

7 악인은 엎드러져서 소멸되려니와 의인의 집은 서 있으리라

8 사람은 그 지혜대로 칭찬을 받으려니와 마음이 굽은 자는 멸시를 받으리라

9 비천히 여김을 받을지라도 종을 부리는 자는 스스로 높은 체하고도 음식이 핍절한 자보다 나으니라

10 의인은 자기의 가축의 생명을 돌보나 악인의 긍휼은 잔인이니라

11 자기의 토지를 경작하는 자는 먹을 것이 많거니와 방탕한 것을 따르는 자는 지혜가 없느니라

12 악인은 불의의 이익을 탐하나 의인은 그 뿌리로 말미암아 결실하느니라

13 악인은 입술의 허물로 말미암아 그물에 걸려도 의인은 환난에서 벗어나느니라

14 사람은 입의 열매로 말미암아 복록에 족하며 그 손이 행하는 대로 자기가 받느니라

15 미련한 자는 자기 행위를 바른 줄로 여기나 지혜로운 자는 권고를 듣느니라

16 미련한 자는 당장 분노를 나타내거니와 슬기로운 자는 수욕을 참느니라

17 진리를 말하는 자는 의를 나타내어도 거짓 증인은 속이는 말을 하느니라

18 칼로 찌름 같이 함부로 말하는 자가 있거니와 지혜로운 자의 혀는 양약과 같으니라

19 진실한 입술은 영원히 보존되거니와 거짓 혀는 잠시 동안만 있을 뿐이니라

20 악을 꾀하는 자의 마음에는 속임이 있고 화평을 의논하는 자에게는 희락이 있느니라

21 의인에게는 어떤 재앙도 임하지 아니하려니와 악인에게는 앙화가 가득하리라

22 거짓 입술은 여호와께 미움을 받아도 진실하게 행하는 자는 그의 기뻐하심을 받느니라

23 슬기로운 자는 지식을 감추어도 미련한 자의 마음은 미련한 것을 전파하느니라

24 부지런한 자의 손은 사람을 다스리게 되어도 게으른 자는 부림을 받느니라

25 근심이 사람의 마음에 있으면 그것으로 번뇌하게 되나 선한 말은 그것을 즐겁게 하느니라

26 의인은 그 이웃의 인도자가 되나 악인의 소행은 자신을 미혹하느니라

27 게으른 자는 그 잡을 것도 사냥하지 아니하나니 사람의 부귀는 부지런한 것이니라

28 공의로운 길에 생명이 있나니 그 길에는 사망이 없느니라

13장

1 지혜로운 아들은 아비의 훈계를 들으나 거만한 자는 꾸지람을 즐겨 듣지 아니하느니라

2 사람은 입의 열매로 인하여 복록을 누리거니와 마음이 궤사한 자는 강포를 당하느니라

3 입을 지키는 자는 자기의 생명을 보전하나 입술을 크게 벌리는 자에게는 멸망이 오느니라

4 게으른 자는 마음으로 원하여도 얻지 못하나 부지런한 자의 마음은 풍족함을 얻느니라

5 의인은 거짓말을 미워하나 악인은 행위가 흉악하여 부끄러운 데에 이르느니라

6 공의는 행실이 정직한 자를 보호하고 악은 죄인을 패망하게 하느니라

7 스스로 부한 체하여도 아무 것도 없는 자가 있고 스스로 가난한 체하여도 재물이 많은 자가 있느니라

8 사람의 재물이 자기 생명의 속전일 수 있으나 가난한 자는 협박을 받을 일이 없느니라

9 의인의 빛은 환하게 빛나고 악인의 등불은 꺼지느니라

10 교만에서는 다툼만 일어날 뿐이라 권면을 듣는 자는 지혜가 있느니라

11 망령되이 얻은 재물은 줄어가고 손으로 모은 것은 늘어가느니라

12 소망이 더디 이루어지면 그것이 마음을 상하게 하거니와 소원이 이루어지는 것은 곧 생명 나무니라

13 말씀을 멸시하는 자는 자기에게 패망을 이루고 계명을 두려워하는 자는 상을 받느니라

14 지혜 있는 자의 교훈은 생명의 샘이니 사망의 그물에서 벗어나게 하느니라

15 선한 지혜는 은혜를 베푸나 사악한 자의 길은 험하니라

16 무릇 슬기로운 자는 지식으로 행하거니와 미련한 자는 자기의 미련한 것을 나타내느니라

17 악한 사자는 재앙에 빠져도 충성된 사신은 양약이 되느니라

18 훈계를 저버리는 자에게는 궁핍과 수욕이 이르거니와 경계를 받는 자는 존영을 받느니라

19 소원을 성취하면 마음에 달아도 미련한 자는 악에서 떠나기를 싫어하느니라

20 지혜로운 자와 동행하면 지혜를 얻고 미련한 자와 사귀면 해를 받느니라

21 재앙은 죄인을 따르고 선한 보응은 의인에게 이르느니라

22 선인은 그 산업을 자자 손손에게 끼쳐도 죄인의 재물은 의인을 위하
여 쌓이느니라

23 가난한 자는 밭을 경작함으로 양식이 많아지거니와 불의로 말미암아
가산을 탕진하는 자가 있느니라

24 매를 아끼는 자는 그의 자식을 미워함이라 자식을 사랑하는 자는 근
실히 징계하느니라

25 의인은 포식하여도 악인의 배는 주리느니라

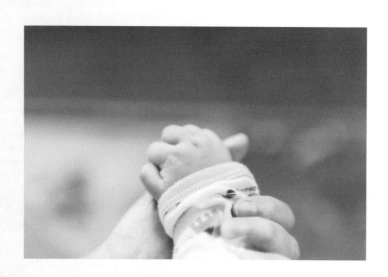

115

14장

1 지혜로운 여인은 자기 집을 세우되 미련한 여인은 자기 손으로 그것을 허느니라

2 정직하게 행하는 자는 여호와를 경외하여도 패역하게 행하는 자는 여호와를 경멸하느니라

3 미련한 자는 교만하여 입으로 매를 자청하고 지혜로운 자의 입술은 자기를 보전하느니라

4 소가 없으면 구유는 깨끗하려니와 소의 힘으로 얻는 것이 많으니라

5 신실한 증인은 거짓말을 아니하여도 거짓 증인은 거짓말을 뱉느니라

6 거만한 자는 지혜를 구하여도 얻지 못하거니와 명철한 자는 지식 얻기가 쉬우니라

7 너는 미련한 자의 앞을 떠나라 그 입술에 지식 있음을 보지 못함이니라

8 슬기로운 자의 지혜는 자기의 길을 아는 것이라도 미련한 자의 어리석음은 속이는 것이니라

9 미련한 자는 죄를 심상히 여겨도 정직한 자 중에는 은혜가 있느니라

10 마음의 고통은 자기가 알고 마음의 즐거움은 타인이 참여하지 못하느니라

11 악한 자의 집은 망하겠고 정직한 자의 장막은 흥하리라

12 어떤 길은 사람이 보기에 바르나 필경은 사망의 길이니라

13 웃을 때에도 마음에 슬픔이 있고 즐거움의 끝에도 근심이 있느니라

14 마음이 굽은 자는 자기 행위로 보응이 가득하겠고 선한 사람도 자기의 행위로 그러하리라

15 어리석은 자는 온갖 말을 믿으나 슬기로운 자는 자기의 행동을 삼가느니라

16 지혜로운 자는 두려워하여 악을 떠나나 어리석은 자는 방자하여 스스로 믿느니라

17 노하기를 속히 하는 자는 어리석은 일을 행하고 악한 계교를 꾀하는 자는 미움을 받느니라

18 어리석은 자는 어리석음으로 기업을 삼아도 슬기로운 자는 지식으로 면류관을 삼느니라

19 악인은 선인 앞에 엎드리고 불의한 자는 의인의 문에 엎드리느니라

20 가난한 자는 이웃에게도 미움을 받게 되나 부요한 자는 친구가 많으니라

21 이웃을 업신여기는 자는 죄를 범하는 자요 빈곤한 자를 불쌍히 여기는 자는 복이 있는 자니라

22 악을 도모하는 자는 잘못 가는 것이 아니냐 선을 도모하는 자에게는 인자와 진리가 있으리라

23 모든 수고에는 이익이 있어도 입술의 말은 궁핍을 이룰 뿐이니라

24 지혜로운 자의 재물은 그의 면류관이요 미련한 자의 소유는 다만 미련한 것이니라

25 진실한 증인은 사람의 생명을 구원하여도 거짓말을 뱉는 사람은 속이느니라

26 여호와를 경외하는 자에게는 견고한 의뢰가 있나니 그 자녀들에게 피난처가 있으리라

27 여호와를 경외하는 것은 생명의 샘이니 사망의 그물에서 벗어나게 하느니라

28 백성이 많은 것은 왕의 영광이요 백성이 적은 것은 주권자의 패망이니라

29 노하기를 더디 하는 자는 크게 명철하여도 마음이 조급한 자는 어리석음을 나타내느니라

30 평온한 마음은 육신의 생명이나 시기는 뼈를 썩게 하느니라

31 가난한 사람을 학대하는 자는 그를 지으신 이를 멸시하는 자요 궁핍한 사람을 불쌍히 여기는 자는 주를 공경하는 자니라

32 악인은 그의 환난에 엎드러져도 의인은 그의 죽음에도 소망이 있느니라

33 지혜는 명철한 자의 마음에 머물거니와 미련한 자의 속에 있는 것은 나타나느니라

34 공의는 나라를 영화롭게 하고 죄는 백성을 욕되게 하느니라

35 슬기롭게 행하는 신하는 왕에게 은총을 입고 욕을 끼치는 신하는 그의 진노를 당하느니라

15장

1 유순한 대답은 분노를 쉬게 하여도 과격한 말은 노를 격동하느니라

2 지혜 있는 자의 혀는 지식을 선히 베풀고 미련한 자의 입은 미련한 것을 쏟느니라

3 여호와의 눈은 어디서든지 악인과 선인을 감찰하시느니라

4 온순한 혀는 곧 생명 나무이지만 패역한 혀는 마음을 상하게 하느니라

5 아비의 훈계를 업신여기는 자는 미련한 자요 경계를 받는 자는 슬기를 얻을 자니라

6 의인의 집에는 많은 보물이 있어도 악인의 소득은 고통이 되느니라

7 지혜로운 자의 입술은 지식을 전파하여도 미련한 자의 마음은 정함이 없느니라

8 악인의 제사는 여호와께서 미워하셔도 정직한 자의 기도는 그가 기뻐하시느니라

9 악인의 길은 여호와께서 미워하
셔도 공의를 따라가는 자는 그
가 사랑하시느니라

10 도를 배반하는 자는 엄한 징계
를 받을 것이요 견책을 싫어하
는 자는 죽을 것이니라

11 스올과 아바돈도 여호와의 앞에
드러나거든 하물며 사람의 마음
이리요

12 거만한 자는 견책 받기를 좋아
하지 아니하며 지혜 있는 자에
게로 가지도 아니하느니라

13 마음의 즐거움은 얼굴을 빛나게 하여도 마음의 근심은 심령을 상하
게 하느니라

14 명철한 자의 마음은 지식을 요구하고 미련한 자의 입은 미련한 것을
즐기느니라

15 고난 받는 자는 그 날이 다 험악하나 마음이 즐거운 자는 항상 잔치
하느니라

16 가산이 적어도 여호와를 경외하는 것이 크게 부하고 번뇌하는 것보
다 나으니라

17 채소를 먹으며 서로 사랑하는 것이 살진 소를 먹으며 서로 미워하는 것보다 나으니라

18 분을 쉽게 내는 자는 다툼을 일으켜도 노하기를 더디 하는 자는 시비를 그치게 하느니라

19 게으른 자의 길은 가시 울타리 같으나 정직한 자의 길은 대로니라

20 지혜로운 아들은 아비를 즐겁게 하여도 미련한 자는 어미를 업신여기느니라

21 무지한 자는 미련한 것을 즐겨 하여도 명철한 자는 그 길을 바르게 하느니라

22 의논이 없으면 경영이 무너지고 지략이 많으면 경영이 성립하느니라

23 사람은 그 입의 대답으로 말미암아 기쁨을 얻나니 때에 맞는 말이 얼마나 아름다운고

24 지혜로운 자는 위로 향한 생명 길로 말미암음으로 그 아래에 있는 스올을 떠나게 되느니라

25 여호와는 교만한 자의 집을 허시며 과부의 지계를 정하시느니라

26 악한 꾀는 여호와께서 미워하시나 선한 말은 정결하니라

27 이익을 탐하는 자는 자기 집을 해롭게 하나 뇌물을 싫어하는 자는 살게 되느니라

28 의인의 마음은 대답할 말을 깊이 생각하여도 악인의 입은 악을 쏟느니라

29 여호와는 악인을 멀리 하시고 의인의 기도를 들으시느니라

30 눈이 밝은 것은 마음을 기쁘게 하고 좋은 기별은 뼈를 윤택하게 하느니라

31 생명의 경계를 듣는 귀는 지혜로운 자 가운데에 있느니라

32 훈계 받기를 싫어하는 자는 자기의 영혼을 경히 여김이라 견책을 달게 받는 자는 지식을 얻느니라

33 여호와를 경외하는 것은 지혜의 훈계라 겸손은 존귀의 길잡이니라

16장

1 마음의 경영은 사람에게 있어도 말의 응답은 여호와께로부터 나오느니라

2 사람의 행위가 자기 보기에는 모두 깨끗하여도 여호와는 심령을 감찰하시느니라

3 너의 행사를 여호와께 맡기라 그리하면 네가 경영하는 것이 이루어지리라

4 여호와께서 온갖 것을 그 쓰임에 적당하게 지으셨나니 악인도 악한 날에 적당하게 하셨느니라

5 무릇 마음이 교만한 자를 여호와께서 미워하시나니 피차 손을 잡을지라도 벌을 면하지 못하리라

6 인자와 진리로 인하여 죄악이 속하게 되고 여호와를 경외함으로 말미암아 악에서 떠나게 되느니라

7 사람의 행위가 여호와를 기쁘시게 하면 그 사람의 원수라도 그와 더불어 화목하게 하시느니라

8 적은 소득이 공의를 겸하면 많은 소득이 불의를 겸한 것보다 나으니라

9 사람이 마음으로 자기의 길을 계획할지라도 그의 걸음을 인도하시는 이는 여호와시니라

10 하나님의 말씀이 왕의 입술에 있은즉 재판할 때에 그의 입이 그르치지 아니하리라

11 공평한 저울과 접시 저울은 여호와의 것이요 주머니 속의 저울추도 다 그가 지으신 것이니라

12 악을 행하는 것은 왕들이 미워할 바니 이는 그 보좌가 공의로 말미암아 굳게 섬이니라

13 의로운 입술은 왕들이 기뻐하는 것이요 정직하게 말하는 자는 그들의 사랑을 입느니라

14 왕의 진노는 죽음의 사자들과 같아도 지혜로운 사람은 그것을 쉬게 하리라

15 왕의 희색은 생명을 뜻하나니 그의 은택이 늦은 비를 내리는 구름과 같으니라

16 지혜를 얻는 것이 금을 얻는 것보다 얼마나 나은고 명철을 얻는 것이 은을 얻는 것보다 더욱 나으니라

17 악을 떠나는 것은 정직한 사람의 대로이니 자기의 길을 지키는 자는 자기의 영혼을 보전하느니라

18 교만은 패망의 선봉이요 거만한 마음은 넘어짐의 앞잡이니라

19 겸손한 자와 함께 하여 마음을 낮추는 것이 교만한 자와 함께 하여 탈취물을 나누는 것보다 나으니라

20 삼가 말씀에 주의하는 자는 좋은 것을 얻나니 여호와를 의지하는 자는 복이 있느니라

21 마음이 지혜로운 자는 명철하다 일컬음을 받고 입이 선한 자는 남의 학식을 더하게 하느니라

22 명철한 자에게는 그 명철이 생명의 샘이 되거니와 미련한 자에게는 그 미련한 것이 징계가 되느니라

23 지혜로운 자의 마음은 그의 입을 슬기롭게 하고 또 그의 입술에 지식을 더하느니라

24 선한 말은 꿀송이 같아서 마음에 달고 뼈에 양약이 되느니라

25 어떤 길은 사람이 보기에 바르나 필경은 사망의 길이니라

26 고되게 일하는 자는 식욕으로 말미암아 애쓰나니 이는 그의 입이 자기를 독촉함이니라

27 불량한 자는 악을 꾀하나니 그 입술에는 맹렬한 불 같은 것이 있느니라

28 패역한 자는 다툼을 일으키고 말쟁이는 친한 벗을 이간하느니라

29 강포한 사람은 그 이웃을 꾀어 좋지 아니한 길로 인도하느니라

30 눈짓을 하는 자는 패역한 일을 도모하며 입술을 닫는 자는 악한 일을
이루느니라

31 백발은 영화의 면류관이라 공의로운 길에서 얻으리라

32 노하기를 더디하는 자는 용사보다 낫고 자기의 마음을 다스리는 자
는 성을 빼앗는 자보다 나으니라

33 제비는 사람이 뽑으나 모든 일을 작정하기는 여호와께 있느니라

17장

1 마른 떡 한 조각만 있고도 화목하는 것이 제육이 집에 가득하고도 다투는 것보다 나으니라

2 슬기로운 종은 부끄러운 짓을 하는 주인의 아들을 다스리겠고 또 형제들 중에서 유업을 나누어 얻으리라

3 도가니는 은을, 풀무는 금을 연단하거니와 여호와는 마음을 연단하시느니라

4 악을 행하는 자는 사악한 입술이 하는 말을 잘 듣고 거짓말을 하는 자는 악한 혀가 하는 말에 귀를 기울이느니라

5 가난한 자를 조롱하는 자는 그를 지으신 주를 멸시하는 자요 사람의 재앙을 기뻐하는 자는 형벌을 면하지 못할 자니라

6 손자는 노인의 면류관이요 아비는 자식의 영화니라

7 지나친 말을 하는 것도 미련한 자에게 합당하지 아니하거든 하물며 거짓말을 하는 것이 존귀한 자에게 합당하겠느냐

8 뇌물은 그 임자가 보기에 보석 같은즉 그가 어디로 향하든지 형통하게 하느니라

9 허물을 덮어 주는 자는 사랑을 구하는 자요 그것을 거듭 말하는 자는 친한 벗을 이간하는 자니라

10 한 마디 말로 총명한 자에게 충고하는 것이 매 백 대로 미련한 자를 때리는 것보다 더욱 깊이 박히느니라

11 악한 자는 반역만 힘쓰나니 그러므로 그에게 잔인한 사자가 보냄을 받으리라

12 차라리 새끼 빼앗긴 암곰을 만날지언정 미련한 일을 행하는 미련한 자를 만나지 말 것이니라

13 누구든지 악으로 선을 갚으면 악이 그 집을 떠나지 아니하리라

14 다투는 시작은 둑에서 물이 새는 것 같은즉 싸움이 일어나기 전에 시비를 그칠 것이니라

15 악인을 의롭다 하고 의인을 악하다 하는 이 두 사람은 다 여호와께 미움을 받느니라

16 미련한 자는 무지하거늘 손에 값을 가지고 지혜를 사려 함은 어찜인고

17 친구는 사랑이 끊어지지 아니하고 형제는 위급한 때를 위하여 났느니라

18 지혜 없는 자는 남의 손을 잡고 그의 이웃 앞에서 보증이 되느니라

19 다툼을 좋아하는 자는 죄과를 좋아하는 자요 자기 문을 높이는 자는 파괴를 구하는 자니라

20 마음이 굽은 자는 복을 얻지 못하고 혀가 패역한 자는 재앙에 빠지느니라

21 미련한 자를 낳는 자는 근심을 당하나니 미련한 자의 아비는 낙이 없느니라

22 마음의 즐거움은 양약이라도 심령의 근심은 뼈를 마르게 하느니라

23 악인은 사람의 품에서 뇌물을 받고 재판을 굽게 하느니라

24 지혜는 명철한 자 앞에 있거늘 미련한 자는 눈을 땅 끝에 두느니라

25 미련한 아들은 그 아비의 근심이 되고 그 어미의 고통이 되느니라

26 의인을 벌하는 것과 귀인을 정직하다고 때리는 것은 선하지 못하니라

27 말을 아끼는 자는 지식이 있고 성품이 냉철한 자는 명철하니라

28 미련한 자라도 잠잠하면 지혜로운 자로 여겨지고 그의 입술을 닫으면 슬기로운 자로 여겨지느니라

18장

1 무리에게서 스스로 갈라지는 자는 자기 소욕을 따르는 자라 온갖 참
지혜를 배척하느니라

2 미련한 자는 명철을 기뻐하지 아니하고 자기의 의사를 드러내기만
기뻐하느니라

3 악한 자가 이를 때에는 멸시도 따라오고 부끄러운 것이 이를 때에는
능욕도 함께 오느니라

4 명철한 사람의 입의 말은 깊은 물과 같고 지혜의 샘은 솟구쳐 흐르는
내와 같으니라

5 악인을 두둔하는 것과 재판할 때에 의인을 억울하게 하는 것이 선하
지 아니하니라

6 미련한 자의 입술은 다툼을 일으키고 그의 입은 매를 자청하느니라

7 미련한 자의 입은 그의 멸망이 되고 그의 입술은 그의 영혼의 그물이 되느니라

8 남의 말하기를 좋아하는 자의 말은 별식과 같아서 뱃속 깊은 데로 내려가느니라

9 자기의 일을 게을리하는 자는 패가하는 자의 형제니라

10 여호와의 이름은 견고한 망대라 의인은 그리로 달려가서 안전함을 얻느니라

11 부자의 재물은 그의 견고한 성이라 그가 높은 성벽 같이 여기느니라

12 사람의 마음의 교만은 멸망의 선봉이요 겸손은 존귀의 길잡이니라

13 사연을 듣기 전에 대답하는 자는 미련하여 욕을 당하느니라

14 사람의 심령은 그의 병을 능히 이기려니와 심령이 상하면 그것을 누가 일으키겠느냐

15 명철한 자의 마음은 지식을 얻고 지혜로운 자의 귀는 지식을 구하느니라

16 사람의 선물은 그의 길을 넓게 하며 또 존귀한 자 앞으로 그를 인도하느니라

17 송사에서는 먼저 온 사람의 말이 바른 것 같으나 그의 상대자가 와서 밝히느니라

18 제비 뽑는 것은 다툼을 그치게 하여 강한 자 사이에 해결하게 하느니라

19 노엽게 한 형제와 화목하기가 견고한 성을 취하기보다 어려운즉 이러한 다툼은 산성 문빗장 같으니라

20 사람은 입에서 나오는 열매로 말미암아 배부르게 되나니 곧 그의 입술에서 나는 것으로 말미암아 만족하게 되느니라

21 죽고 사는 것이 혀의 힘에 달렸나니 혀를 쓰기 좋아하는 자는 혀의 열매를 먹으리라

22 아내를 얻는 자는 복을 얻고 여호와께 은총을 받는 자니라

23 가난한 자는 간절한 말로 구하여도 부자는 엄한 말로 대답하느니라

24 많은 친구를 얻는 자는 해를 당하게 되거니와 어떤 친구는 형제보다 친밀하니라

1 가난하여도 성실하게 행하는 자는 입술이 패역하고 미련한 자보다 나으니라

2 지식 없는 소원은 선하지 못하고 발이 급한 사람은 잘못 가느니라

3 사람이 미련하므로 자기 길을 굽게 하고 마음으로 여호와를 원망하느니라

4 재물은 많은 친구를 더하게 하나 가난한즉 친구가 끊어지느니라

5 거짓 증인은 벌을 면하지 못할 것이요 거짓말을 하는 자도 피하지 못하리라

6 너그러운 사람에게는 은혜를 구하는 자가 많고 선물 주기를 좋아하는 자에게는 사람마다 친구가 되느니라

7 가난한 지는 그의 형제들에게도 미움을 받거든 하물며 친구야 그를 멀리하지 아니하겠느냐 따라가며 말하려할지라도 그들이 없어졌으리라

8 지혜를 얻는 자는 자기 영혼을 사랑하고 명철을 지키는 자는 복을 얻느니라

9 거짓 증인은 벌을 면하지 못할 것이요 거짓말을 뱉는 자는 망할 것이니라

10 미련한 자가 사치하는 것이 적당하지 못하거든 하물며 종이 방백을 다스림이랴

11 노하기를 더디 하는 것이 사람의 슬기요 허물을 용서하는 것이 자기의 영광이니라

12 왕의 노함은 사자의 부르짖음 같고 그의 은택은 풀 위의 이슬 같으니라

13 미련한 아들은 그의 아비의 재앙이요 다투는 아내는 이어 떨어지는 물방울이니라

14 집과 재물은 조상에게서 상속하거니와 슬기로운 아내는 여호와께로서 말미암느니라

15 게으름이 사람으로 깊이 잠들게 하나니 태만한 사람은 주릴 것이니라

16 계명을 지키는 자는 자기의 영혼을 지키거니와 자기의 행실을 삼가지 아니하는 자는 죽으리라

¹⁷ 가난한 자를 불쌍히 여기는 것은 여호와께 꾸어 드리는 것이니 그의 선행을 그에게 갚아 주시리라

¹⁸ 네가 네 아들에게 희망이 있은즉 그를 징계하되 죽일 마음은 두지 말지니라

¹⁹ 노하기를 맹렬히 하는 자는 벌을 받을 것이라 네가 그를 건져 주면 다시 그런 일이 생기리라

²⁰ 너는 권고를 들으며 훈계를 받으라 그리하면 네가 필경은 지혜롭게 되리라

²¹ 사람의 마음에는 많은 계획이 있어도 오직 여호와의 뜻만이 완전히 서리라

²² 사람은 자기의 인자함으로 남에게 사모함을 받느니라 가난한 자는 거짓말하는 자보다 나으니라

²³ 여호와를 경외하는 것은 사람으로 생명에 이르게 하는 것이라 경외하는 자는 족하게 지내고 재앙을 당하지 아니하느니라

24 게으른 자는 자기의 손을 그릇에 넣고서도 입으로 올리기를 괴로워 하느니라

25 거만한 자를 때리라 그리하면 어리석은 자도 지혜를 얻으리라 명철한 자를 견책하라 그리하면 그가 지식을 얻으리라

26 아비를 구박하고 어미를 쫓아내는 자는 부끄러움을 끼치며 능욕을 부르는 자식이니라

27 내 아들아 지식의 말씀에서 떠나게 하는 교훈을 듣지 말지니라

28 망령된 증인은 정의를 업신여기고 악인의 입은 죄악을 삼키느니라

29 심판은 거만한 자를 위하여 예비된 것이요 채찍은 어리석은 자의 등을 위하여 예비된 것이니라

20장

1 포도주는 거만하게 하는 것이요 독주는 떠들게 하는 것이라 이에 미혹되는 자마다 지혜가 없느니라

2 왕의 진노는 사자의 부르짖음 같으니 그를 노하게 하는 것은 자기의 생명을 해하는 것이니라

3 다툼을 멀리 하는 것이 사람에게 영광이거늘 미련한 자마다 다툼을 일으키느니라

4 게으른 자는 가을에 밭 갈지 아니하나니 그러므로 거둘 때에는 구걸할지라도 얻지 못하리라

5 사람의 마음에 있는 모략은 깊은 물 같으니라 그럴지라도 명철한 사람은 그것을 길어 내느니라

6 많은 사람이 각기 자기의 인자함을 자랑하나니 충성된 자를 누가 만날 수 있으랴

7 온전하게 행하는 자가 의인이라 그의 후손에게 복이 있느니라

8 심판 자리에 앉은 왕은 그의 눈으로 모든 악을 흩어지게 하느니라

9 내가 내 마음을 정하게 하였다 내 죄를 깨끗하게 하였다 할 자가 누구냐

10 한결같지 않은 저울 추와 한결같지 않은 되는 다 여호와께서 미워하시느니라

11 비록 아이라도 자기의 동작으로 자기 품행이 청결한 여부와 정직한 여부를 나타내느니라

12 듣는 귀와 보는 눈은 다 여호와께서 지으신 것이니라

13 너는 잠자기를 좋아하지 말라 네가 빈궁하게 될까 두려우니라 네 눈을 뜨라 그리하면 양식이 족하리라

14 물건을 사는 자가 좋지 못하다 좋지 못하다 하다가 돌아간 후에는 자랑하느니라

15 세상에 금도 있고 진주도 많거니와 지혜로운 입술이 더욱 귀한 보배니라

16 타인을 위하여 보증 선 자의 옷을 취하라 외인들을 위하여 보증 선 자는 그의 몸을 볼모 잡을지니라

17 속이고 취한 음식물은 사람에게 맛이 좋은 듯하나 후에는 그의 입에 모래가 가득하게 되리라

18 경영은 의논함으로 성취하나니 지략을 베풀고 전쟁할지니라

19 두루 다니며 한담하는 자는 남의 비밀을 누설하나니 입술을 벌린 자를 사귀지 말지니라

20 자기의 아비나 어미를 저주하는 자는 그의 등불이 흑암 중에 꺼짐을 당하리라

21 처음에 속히 잡은 산업은 마침내 복이 되지 아니하느니라

22 너는 악을 갚겠다 말하지 말고 여호와를 기다리라 그가 너를 구원하시리라

23 한결같지 않은 저울 추는 여호와께서 미워하시는 것이요 속이는 저울은 좋지 못한 것이니라

24 사람의 걸음은 여호와로 말미암나니 사람이 어찌 자기의 길을 알 수 있으랴

25 함부로 이 물건은 거룩하다 하여 서원하고 그 후에 살피면 그것이 그 사람에게 덫이 되느니라

26 지혜로운 왕은 악인들을 키질하며 타작하는 바퀴를 그들 위에 굴리느니라

27 사람의 영혼은 여호와의 등불이라 사람의 깊은 속을 살피느니라

28 왕은 인자와 진리로 스스로 보호하고 그의 왕위도 인자함으로 말미암아 견고하니라

29 젊은 자의 영화는 그의 힘이요 늙은 자의 아름다움은 백발이니라

30 상하게 때리는 것이 악을 없이하나니 매는 사람 속에 깊이 들어가느니라

1 왕의 마음이 여호와의 손에 있음이 마치 봇물과 같아서 그가 임의로 인도하시느니라

2 사람의 행위가 자기 보기에는 모두 정직하여도 여호와는 마음을 감찰하시느니라

3 공의와 정의를 행하는 것은 제사 드리는 것보다 여호와께서 기쁘게 여기시느니라

4 눈이 높은 것과 마음이 교만한 것과 악인이 형통한 것은 다 죄니라

5 부지런한 자의 경영은 풍부함에 이를 것이나 조급한 자는 궁핍함에 이를 따름이니라

6 속이는 말로 재물을 모으는 것은 죽음을 구하는 것이라 곧 불려다니는 안개니라

7 악인의 강포는 자기를 소멸하나니 이는 정의를 행하기 싫어함이니라

8 죄를 크게 범한 자의 길은 심히 구부러지고 깨끗한 자의 길은 곧으니라

9 다투는 여인과 함께 큰 집에서 사는 것보다 움막에서 사는 것이 나으니라

10 악인의 마음은 남의 재앙을 원하나니 그 이웃도 그 앞에서 은혜를 입지 못하느니라

11 거만한 자가 벌을 받으면 어리석은 자도 지혜를 얻겠고 지혜로운 자가 교훈을 받으면 지식이 더하리라

12 의로우신 자는 악인의 집을 감찰하시고 악인을 환난에 던지시느니라

13 귀를 막고 가난한 자가 부르짖는 소리를 듣지 아니하면 자기가 부르짖을 때에도 들을 자가 없으리라

14 은밀한 선물은 노를 쉬게 하고 품 안의 뇌물은 맹렬한 분을 그치게 하느니라

15 정의를 행하는 것이 의인에게는 즐거움이요 죄인에게는 패망이니라

16 명철의 길을 떠난 사람은 사망의 회중에 거하리라

17 연락을 좋아하는 자는 가난하게 되고 술과 기름을 좋아하는 자는 부하게 되지 못하느니라

18 악인은 의인의 속전이 되고 사악한 자는 정직한 자의 대신이 되느니라

19 다투며 성내는 여인과 함께 사는 것보다 광야에서 사는 것이 나으니라

20 지혜 있는 자의 집에는 귀한 보배와 기름이 있으나 미련한 자는 이것을 다 삼켜 버리느니라

21 공의와 인자를 따라 구하는 자는 생명과 공의와 영광을 얻느니라

22 지혜로운 자는 용사의 성에 올라가서 그 성이 의지하는 방벽을 허느니라

23 입과 혀를 지키는 자는 자기의 영혼을 환난에서 보전하느니라

24 무례하고 교만한 자를 이름하여 망령된 자라 하나니 이는 넘치는 교만으로 행함이니라

25 게으른 자의 욕망이 자기를 죽이나니 이는 자기의 손으로 일하기를 싫어함이니라

26 어떤 자는 종일토록 탐하기만 하나 의인은 아끼지 아니하고 베푸느니라

27 악인의 제물은 본래 가증하거든 하물며 악한 뜻으로 드리는 것이랴

28 거짓 증인은 패망하려니와 확실히 들은 사람의 말은 힘이 있느니라

29 악인은 자기의 얼굴을 굳게 하나 정직한 자는 자기의 행위를 삼가느니라

30 지혜로도 못하고, 명철로도 못하고 모략으로도 여호와를 당하지 못하느니라

31 싸울 날을 위하여 마병을 예비하거니와 이김은 여호와께 있느니라

22장

1 많은 재물보다 명예를 택할 것이요 은이나 금보다 은총을 더욱 택할 것이니라

2 가난한 자와 부한 자가 함께 살거니와 그 모두를 지으신 이는 여호와시니라

3 슬기로운 자는 재앙을 보면 숨어 피하여도 어리석은 자는 나가다가 해를 받느니라

4 겸손과 여호와를 경외함의 보상은 재물과 영광과 생명이니라

5 패역한 자의 길에는 가시와 올무가 있거니와 영혼을 지키는 자는 이를 멀리 하느니라

6 마땅히 행할 길을 아이에게 가르치라 그리하면 늙어도 그것을 떠나지 아니하리라

7 부자는 가난한 자를 주관하고 빚진 자는 채주의 종이 되느니라

8 악을 뿌리는 자는 재앙을 거두리니 그 분노의 기세가 쇠하리라

9 선한 눈을 가진 자는 복을 받으리니 이는 양식을 가난한 자에게 줌이 니라

10 거만한 자를 쫓아내면 다툼이 쉬고 싸움과 수욕이 그치느니라

11 마음의 정결을 사모하는 자의 입술에는 덕이 있으므로 임금이 그의 친구가 되느니라

12 여호와의 눈은 지식 있는 사람을 지키시나 사악한 사람의 말은 패하 게 하시느니라

13 게으른 자는 말하기를 사자가 밖에 있은즉 내가 나가면 거리에서 찢 기겠다 하느니라

14 음녀의 입은 깊은 함정이라 여호와의 노를 당한 자는 거기 빠지리라

15 아이의 마음에는 미련한 것이 얽혔으나 징계하는 채찍이 이를 멀리 쫓아내리라

16 이익을 얻으려고 가난한 자를 학대하는 자와 부자에게 주는 자는 가난하여질 뿐이니라

17 너는 귀를 기울여 지혜 있는 자의 말씀을 들으며 내 지식에 마음을 둘지어다

18 이것을 네 속에 보존하며 네 입술 위에 함께 있게 함이 아름다우니라

19 내가 네게 여호와를 의뢰하게 하려 하여 이것을 오늘 특별히 네게 알게 하였노니

20 내가 모략과 지식의 아름다운 것을 너를 위해 기록하여

21 네가 진리의 확실한 말씀을 깨닫게 하며 또 너를 보내는 자에게 진리의 말씀으로 회답하게 하려 함이 아니냐

22 약한 자를 그가 약하다고 탈취하지 말며 곤고한 자를 성문에서 압제하지 말라

23 대저 여호와께서 신원하여 주시고 또 그를 노략하는 자의 생명을 빼앗으시리라

24 노를 품는 자와 사귀지 말며 울분한 자와 동행하지 말지니

25 그의 행위를 본받아 네 영혼을 올무에 빠뜨릴까 두려움이니라

26 너는 사람과 더불어 손을 잡지 말며 남의 빚에 보증을 서지 말라

27 만일 갚을 것이 네게 없으면 네 누운 침상도 빼앗길 것이라 네가 어찌 그리하겠느냐

28 네 선조가 세운 옛 지계석을 옮기지 말지니라

29 네가 자기의 일에 능숙한 사람을 보았느냐 이러한 사람은 왕 앞에 설 것이요 천한 자 앞에 서지 아니하리라

23장

1 네가 관원과 함께 앉아 음식을 먹게 되거든 삼가 네 앞에 있는 자가
  누구인지를 생각하며

2 네가 만일 음식을 탐하는 자이거든 네 목에 칼을 둘 것이니라

3 그의 맛있는 음식을 탐하지 말라 그것은 속이는 음식이니라

4 부자 되기에 애쓰지 말고 네 사사로운 지혜를 버릴지어다

5 네가 어찌 허무한 것에 주목하겠느냐 정녕히 재물은 스스로 날개를
  내어 하늘을 나는 독수리처럼 날아가리라

6 악한 눈이 있는 자의 음식을 먹지 말며 그의 맛있는 음식을 탐하지 말
  지어다

191

7 대저 그 마음의 생각이 어떠하면 그 위인도 그러한즉 그가 네게 먹고 마시라 할지라도 그의 마음은 너와 함께 하지 아니함이라

8 네가 조금 먹은 것도 토하겠고 네 아름다운 말도 헛된 데로 돌아가리라

9 미련한 자의 귀에 말하지 말지니 이는 그가 네 지혜로운 말을 업신여길 것임이니라

10 옛 지계석을 옮기지 말며 고아들의 밭을 침범하지 말지어다

11 대저 그들의 구속자는 강하시니 그가 너를 대적하여 그들의 원한을 풀어 주시리라

12 훈계에 착심하며 지식의 말씀에 귀를 기울이라

13 아이를 훈계하지 아니하려고 하지 말라 채찍으로 그를 때릴지라도 그가 죽지 아니하리라

14 네가 그를 채찍으로 때리면 그의 영혼을 스올에서 구원하리라

15 내 아들아 만일 네 마음이 지혜로우면 나 곧 내 마음이 즐겁겠고

16 만일 네 입술이 정직을 말하면 내 속이 유쾌하리라

17 네 마음으로 죄인의 형통을 부러워하지 말고 항상 여호와를 경외하라

18 정녕히 네 장래가 있겠고 네 소망이 끊어지지 아니하리라

19 내 아들아 너는 듣고 지혜를 얻어 네 마음을 바른 길로 인도할지니라

20 술을 즐겨 하는 자들과 고기를 탐하는 자들과도 더불어 사귀지 말라

21 술 취하고 음식을 탐하는 자는 가난하여질 것이요 잠 자기를 즐겨 하는 자는 해어진 옷을 입을 것임이니라

22 너를 낳은 아비에게 청종하고 네 늙은 어미를 경히 여기지 말지니라

23 진리를 사되 팔지는 말며 지혜와 훈계와 명철도 그리할지니라

24 의인의 아비는 크게 즐거울 것이요 지혜로운 자식을 낳은 자는 그로 말미암아 즐거울 것이니라

25 네 부모를 즐겁게 하며 너를 낳은 어미를 기쁘게 하라

26 내 아들아 네 마음을 내게 주며 네 눈으로 내 길을 즐거워할지어다

27 대저 음녀는 깊은 구덩이요 이방 여인은 좁은 함정이라

28 참으로 그는 강도 같이 매복하며 사람들 중에 사악한 자가 많아지게 하느니라

29 재앙이 뉘게 있느뇨 근심이 뉘게 있느뇨 분쟁이 뉘게 있느뇨 원망이 뉘게 있느뇨 까닭 없는 상처가 뉘게 있느뇨 붉은 눈이 뉘게 있느뇨

30 술에 잠긴 자에게 있고 혼합한 술을 구하러 다니는 자에게 있느니라

31 포도주는 붉고 잔에서 번쩍이며 순하게 내려가나니 너는 그것을 보지도 말지어다

32 그것이 마침내 뱀 같이 물 것이요 독사 같이 쏠 것이며

33 또 네 눈에는 괴이한 것이 보일 것이요 네 마음은 구부러진 말을 할 것이며

34 너는 바다 가운데에 누운 자 같을 것이요 돛대 위에 누운 자 같을 것이며

35 네가 스스로 말하기를 사람이 나를 때려도 나는 아프지 아니하고 나를 상하게 하여도 내게 감각이 없도다 내가 언제나 깰까 다시 술을 찾겠다 하리라

24장

1 너는 악인의 형통함을 부러워하지 말며 그와 함께 있으려고 하지도 말지어다

2 그들의 마음은 강포를 품고 그들의 입술은 재앙을 말함이니라

3 집은 지혜로 말미암아 건축되고 명철로 말미암아 견고하게 되며

4 또 방들은 지식으로 말미암아 각종 귀하고 아름다운 보배로 채우게 되느니라

5 지혜 있는 자는 강하고 지식 있는 자는 힘을 더하나니

6 너는 전략으로 싸우라 승리는 지략이 많음에 있느니라

7 지혜는 너무 높아서 미련한 자가 미치지 못할 것이므로 그는 성문에서 입을 열지 못하느니라

8 악행하기를 꾀하는 자를 일컬어 사악한 자라 하느니라

9 미련한 자의 생각은 죄요 거만한 자는 사람에게 미움을 받느니라

10 네가 만일 환난 날에 낙담하면 네 힘이 미약함을 보임이니라

11 너는 사망으로 끌려가는 자를 건져 주며 살륙을 당하게 된 자를 구원하지 아니하려고 하지 말라

12 네가 말하기를 나는 그것을 알지 못하였노라 할지라도 마음을 저울질 하시는 이가 어찌 통찰하지 못하시겠으며 네 영혼을 지키시는 이가 어찌 알지 못하시겠느냐 그가 각 사람의 행위대로 보응하시리라

13 내 아들아 꿀을 먹으라 이것이 좋으니라 송이꿀을 먹으라 이것이 네 입에 다니라

14 지혜가 네 영혼에게 이와 같은 줄을 알라 이것을 얻으면 정녕히 네 장래가 있겠고 네 소망이 끊어지지 아니하리라

15 악한 자여 의인의 집을 엿보지 말며 그가 쉬는 처소를 헐지 말지니라

16 대저 의인은 일곱 번 넘어질지라도 다시 일어나려니와 악인은 재앙으로 말미암아 엎드러지느니라

17 네 원수가 넘어질 때에 즐거워하지 말며 그가 엎드러질 때에 마음에 기뻐하지 말라

18 여호와께서 이것을 보시고 기뻐하지 아니하사 그의 진노를 그에게서 옮기실까 두려우니라

19 너는 행악자들로 말미암아 분을 품지 말며 악인의 형통함을 부러워하지 말라

20 대저 행악자는 장래가 없겠고 악인의 등불은 꺼지리라

21 내 아들아 여호와와 왕을 경외하고 반역자와 더불어 사귀지 말라

22 대저 그들의 재앙은 속히 임하리니 그 둘의 멸망을 누가 알랴

23 이것도 지혜로운 자들의 말씀
이라 재판할 때에 낯을 보아 주
는 것이 옳지 못하니라

24 악인에게 네가 옳다 하는 자는
백성에게 저주를 받을 것이요
국민에게 미움을 받으려니와

25 오직 그를 견책하는 자는 기쁨
을 얻을 것이요 또 좋은 복을
받으리라

26 적당한 말로 대답함은 입맞춤
과 같으니라

27 네 일을 밖에서 다스리며 너를 위하여 밭에서 준비하고 그 후에 네
집을 세울지니라

28 너는 까닭 없이 네 이웃을 쳐서 증인이 되지 말며 네 입술로 속이지 말
지니라

29 너는 그가 내게 행함 같이 나도 그에게 행하여 그가 행한 대로 그 사
람에게 갚겠다 말하지 말지니라

30 내가 게으른 자의 밭과 지혜 없는 자의 포도원을 지나며 본즉

31 가시덤불이 그 전부에 퍼졌으며 그 지면이 거친 풀로 덮였고 돌담이 무너져 있기로

32 내가 보고 생각이 깊었고 내가 보고 훈계를 받았노라

33 네가 좀더 자자, 좀더 졸자, 손을 모으고 좀더 누워 있자 하니

34 네 빈궁이 강도 같이 오며 네 곤핍이 군사 같이 이르리라

25장

1 이것도 솔로몬의 잠언이요 유다 왕 히스기야의 신하들이 편집한 것이니라

2 일을 숨기는 것은 하나님의 영화요 일을 살피는 것은 왕의 영화니라

3 하늘의 높음과 땅의 깊음 같이 왕의 마음은 헤아릴 수 없느니라

4 은에서 찌꺼기를 제하라 그리하면 장색의 쓸 만한 그릇이 나올 것이요

5 왕 앞에서 악한 자를 제하라 그리하면 그의 왕위가 의로 말미암아 견고히 서리라

6 왕 앞에서 스스로 높은 체하지 말며 대인들의 자리에 서지 말라

7 이는 사람이 네게 이리로 올라오라고 말하는 것이 네 눈에 보이는 귀인 앞에서 저리로 내려가라고 말하는 것보다 나음이니라

8 너는 서둘러 나가서 다투지 말라 마침내 네가 이웃에게서 욕을 보게 될 때에 네가 어찌할 줄을 알지 못할까 두려우니라

9 너는 이웃과 다투거든 변론만 하고 남의 은밀한 일은 누설하지 말라

10 듣는 자가 너를 꾸짖을 터이요 또 네게 대한 악평이 네게서 떠나지 아니할까 두려우니라

11 경우에 합당한 말은 아로새긴 은 쟁반에 금 사과니라

12 슬기로운 자의 책망은 청종하는 귀에 금 고리와 정금 장식이니라

13 충성된 사자는 그를 보낸 이에게 마치 추수하는 날에 얼음 냉수 같아서 능히 그 주인의 마음을 시원하게 하느니라

14 선물한다고 거짓 자랑하는 자는 비 없는 구름과 바람 같으니라

15 오래 참으면 관원도 설득할 수 있나니 부드러운 혀는 뼈를 꺾느니라

16 너는 꿀을 보거든 족하리만큼 먹으라 과식함으로 토할까 두려우니라

17 너는 이웃집에 자주 다니지 말라 그가 너를 싫어하며 미워할까 두려우니라

18 자기의 이웃을 쳐서 거짓 증거하는 사람은 방망이요 칼이요 뾰족한 화살이니라

19 환난 날에 진실하지 못한 자를 의뢰하는 것은 부러진 이와 위골된 발 같으니라

20 마음이 상한 자에게 노래하는 것은 추운 날에 옷을 벗음 같고 소다 위에 식초를 부음 같으니라

21 네 원수가 배고파하거든 음식을 먹이고 목말라하거든 물을 마시게 하라

22 그리 하는 것은 핀 숯을 그의 머리에 놓는 것과 일반이요 여호와께서 네게 갚아 주시리라

23 북풍이 비를 일으킴 같이 참소하는 혀는 사람의 얼굴에 분을 일으키느니라

24 다투는 여인과 함께 큰 집에서 사는 것보다 움막에서 혼자 사는 것이 나으니라

25 먼 땅에서 오는 좋은 기별은 목마른 사람에게 냉수와 같으니라

26 의인이 악인 앞에 굴복하는 것은 우물이 흐려짐과 샘이 더러워짐과 같으니라

27 꿀을 많이 먹는 것이 좋지 못하고 자기의 영예를 구하는 것이 헛되니라

28 자기의 마음을 제어하지 아니하는 자는 성읍이 무너지고 성벽이 없는 것과 같으니라

1 미련한 자에게는 영예가 적당하지 아니하니 마치 여름에 눈 오는 것과 추수 때에 비 오는 것 같으니라

2 까닭 없는 저주는 참새가 떠도는 것과 제비가 날아가는 것 같이 이루어지지 아니하느니라

3 말에게는 채찍이요 나귀에게는 재갈이요 미련한 자의 등에는 막대기니라

4 미련한 자의 어리석은 것을 따라 대답하지 말라 두렵건대 너도 그와 같을까 하노라

5 미련한 자에게는 그의 어리석음을 따라 대답하라 두렵건대 그가 스스로 지혜롭게 여길까 하노라

6 미련한 자 편에 기별하는 것은 자기의 발을 베어 버림과 해를 받음과 같으니라

7 저는 자의 다리는 힘 없이 달렸나니 미련한 자의 입의 잠언도 그러하니라

8 미련한 자에게 영예를 주는 것은 돌을 물매에 매는 것과 같으니라

9 미련한 자의 입의 잠언은 술 취한 자가 손에 든 가시나무 같으니라

10 장인이 온갖 것을 만들지라도 미련한 자를 고용하는 것은 지나가는 행인을 고용함과 같으니라

11 개가 그 토한 것을 도로 먹는 것 같이 미련한 자는 그 미련한 것을 거듭 행하느니라

12 네가 스스로 지혜롭게 여기는 자를 보느냐 그보다 미련한 자에게 오히려 희망이 있느니라

13 게으른 자는 길에 사자가 있다 거리에 사자가 있다 하느니라

14 문짝이 돌쩌귀를 따라서 도는 것 같이 게으른 자는 침상에서 도느 니라

15 게으른 자는 그 손을 그릇에 넣고도 입으로 올리기를 괴로워하느 니라

16 게으른 자는 사리에 맞게 대답하는 사람 일곱보다 자기를 지혜롭게 여기느니라

17 길로 지나가다가 자기와 상관 없는 다툼을 간섭하는 자는 개의 귀를 잡는 자와 같으니라

18 횃불을 던지며 화살을 쏘아서 사람을 죽이는 미친 사람이 있나니

19 자기의 이웃을 속이고 말하기를 내가 희롱하였노라 하는 자도 그러 하니라

20 나무가 다하면 불이 꺼지고 말쟁이가 없어지면 다툼이 쉬느니라

21 숯불 위에 숯을 더하는 것과 타는 불에 나무를 더하는 것 같이 다툼을 좋아하는 자는 시비를 일으키느니라

22 남의 말 하기를 좋아하는 자의 말은 별식과 같아서 뱃속 깊은 데로 내려가느니라

23 온유한 입술에 악한 마음은 낮은 은을 입힌 토기니라

24 원수는 입술로는 꾸미고 속으로는 속임을 품나니

25 그 말이 좋을지라도 믿지 말 것은 그 마음에 일곱 가지 가증한 것이 있음이니라

26 속임으로 그 미움을 감출지라도 그의 악이 회중 앞에 드러나리라

27 함정을 파는 자는 그것에 빠질 것이요 돌을 굴리는 자는 도리어 그것에 치이리라

28 거짓말 하는 자는 자기가 해한 자를 미워하고 아첨하는 입은 패망을 일으키느니라

1 너는 내일 일을 자랑하지 말라 하루 동안에 무슨 일이 일어날는지 네가 알 수 없음이니라

2 타인이 너를 칭찬하게 하고 네 입으로는 하지 말며 외인이 너를 칭찬하게 하고 네 입술로는 하지 말지니라

3 돌은 무겁고 모래도 가볍지 아니하거니와 미련한 자의 분노는 이 둘보다 무거우니라

4 분은 잔인하고 노는 창수 같거니와 투기 앞에야 누가 서리요

5 면책은 숨은 사랑보다 나으니라

6 친구의 아픈 책망은 충직으로 말미암는 것이나 원수의 잦은 입맞춤은 거짓에서 난 것이니라

7 배부른 자는 꿀이라도 싫어하고 주린 자에게는 쓴 것이라도 다니라

8 고향을 떠나 유리하는 사람은 보금자리를 떠나 떠도는 새와 같으니라

9 기름과 향이 사람의 마음을 즐겁게 하나니 친구의 충성된 권고가 이와 같이 아름다우니라

10 네 친구와 네 아비의 친구를 버리지 말며 네 환난 날에 형제의 집에 들어가지 말지어다 가까운 이웃이 먼 형제보다 나으니라

11 내 아들아 지혜를 얻고 내 마음을 기쁘게 하라 그리하면 나를 비방하는 자에게 내가 대답할 수 있으리라

12 슬기로운 자는 재앙을 보면 숨어 피하여도 어리석은 자들은 나가다가 해를 받느니라

13 타인을 위하여 보증 선 자의 옷을 취하라 외인들을 위하여 보증 선 자는 그의 몸을 볼모 잡을지니라

14 이른 아침에 큰 소리로 자기 이웃을 축복하면 도리어 저주 같이 여기게 되리라

15 다투는 여자는 비 오는 날에 이어 떨어지는 물방울이라

16 그를 제어하기가 바람을 제어하는 것 같고 오른손으로 기름을 움키는 것 같으니라

17 철이 철을 날카롭게 하는 것 같이 사람이 그의 친구의 얼굴을 빛나게 하느니라

18 무화과나무를 지키는 자는 그 과실을 먹고 자기 주인에게 시중드는 자는 영화를 얻느니라

19 물에 비치면 얼굴이 서로 같은 것 같이 사람의 마음도 서로 비치느니라

20 스올과 아바돈은 만족함이 없고 사람의 눈도 만족함이 없느니라

231

21 도가니로 은을, 풀무로 금을, 칭찬으로 사람을 단련하느니라

22 미련한 자를 곡물과 함께 절구에 넣고 공이로 찧을지라도 그의 미련
은 벗겨지지 아니하느니라

23 네 양 떼의 형편을 부지런히 살피며 네 소 떼에게 마음을 두라

24 대저 재물은 영원히 있지 못하나니 면류관이 어찌 대대에 있으랴

25 풀을 벤 후에는 새로 움이 돋나니 산에서 꼴을 거둘 것이니라

26 어린 양의 털은 네 옷이 되며 염소는 밭을 사는 값이 되며

27 염소의 젖은 넉넉하여 너와 네 집의 음식이 되며 네 여종의 먹을 것
이 되느니라

28장

1 악인은 쫓아오는 자가 없어도 도망하나 의인은 사자 같이 담대하
니라

2 나라는 죄가 있으면 주관자가 많아져도 명철과 지식 있는 사람으로
말미암아 장구하게 되느니라

3 가난한 자를 학대하는 가난한 자는 곡식을 남기지 아니하는 폭우 같
으니라

4 율법을 버린 자는 악인을 칭찬하나 율법을 지키는 자는 악인을 대적하
느니라

5 악인은 정의를 깨닫지 못하나
여호와를 찾는 자는 모든 것을
깨닫느니라

6 가난하여도 성실하게 행하는 자
는 부유하면서 굽게 행하는 자
보다 나으니라

7 율법을 지키는 자는 지혜로운
아들이요 음식을 탐하는 자와
사귀는 자는 아비를 욕되게 하
는 자니라

8 중한 변리로 자기 재산을 늘이는 것은 가난한 사람을 불쌍히 여기는 자를 위해 그 재산을 저축하는 것이니라

9 사람이 귀를 돌려 율법을 듣지 아니하면 그의 기도도 가증하니라

10 정직한 자를 악한 길로 유인하는 자는 스스로 자기 함정에 빠져도 성실한 자는 복을 받느니라

11 부자는 자기를 지혜롭게 여기나 가난해도 명철한 자는 자기를 살펴 아느니라

12 의인이 득의하면 큰 영화가 있고 악인이 일어나면 사람이 숨느니라

13 자기의 죄를 숨기는 자는 형통하지 못하나 죄를 자복하고 버리는 자는 불쌍히 여김을 받으리라

14 항상 경외하는 자는 복되거니와 마음을 완악하게 하는 자는 재앙에 빠지리라

15 가난한 백성을 압제하는 악한 관원은 부르짖는 사자와 주린 곰 같으니라

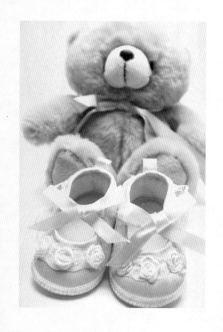

16 무지한 치리자는 포학을 크게 행하거니와 탐욕을 미워하는 자는 장수하리라

17 사람의 피를 흘린 자는 함정으로 달려갈 것이니 그를 막지 말지니라

18 성실하게 행하는 자는 구원을 받을 것이나 굽은 길로 행하는 자는 곧 넘어지리라

19 자기의 토지를 경작하는 자는 먹을 것이 많으려니와 방탕을 따르는 자는 궁핍함이 많으리라

20 충성된 자는 복이 많아도 속히 부하고자 하는 자는 형벌을 면하지 못하리라

21 사람의 낯을 보아 주는 것이 좋지 못하고 한 조각 떡으로 말미암아 사람이 범법하는 것도 그러하니라

22 악한 눈이 있는 자는 재물을 얻기에만 급하고 빈궁이 자기에게로 임할 줄은 알지 못하느니라

23 사람을 경책하는 자는 혀로 아첨하는 자보다 나중에 더욱 사랑을 받느니라

24 부모의 물건을 도둑질하고서도 죄가 아니라 하는 자는 멸망 받게 하는 자의 동류니라

25 욕심이 많은 자는 다툼을 일으키나 여호와를 의지하는 자는 풍족하게 되느니라

26 자기의 마음을 믿는 자는 미련한 자요 지혜롭게 행하는 자는 구원을 얻을 자니라

27 가난한 자를 구제하는 자는 궁핍하지 아니하려니와 못 본 체하는 자에게는 저주가 크리라

28 악인이 일어나면 사람이 숨고 그가 멸망하면 의인이 많아지느니라

29장

1 자주 책망을 받으면서도 목이 곧은 사람은 갑자기 패망을 당하고 피하지 못하리라

2 의인이 많아지면 백성이 즐거워하고 악인이 권세를 잡으면 백성이 탄식하느니라

3 지혜를 사모하는 자는 아비를 즐겁게 하여도 창기와 사귀는 자는 재물을 잃느니라

4 왕은 정의로 나라를 견고하게 하나 뇌물을 억지로 내게 하는 자는 나라를 멸망시키느니라

5 이웃에게 아첨하는 것은 그의 발 앞에 그물을 치는 것이니라

6 악인이 범죄하는 것은 스스로 올무가 되게 하는 것이나 의인은 노래하고 기뻐하느니라

7 의인은 가난한 자의 사정을 알아 주나 악인은 알아 줄 지식이 없느니라

8 거만한 자는 성읍을 요란하게 하여도 슬기로운 자는 노를 그치게 하느니라

9 지혜로운 자와 미련한 자가 다투면 지혜로운 자가 노하든지 웃든지 그 다툼은 그침이 없느니라

10 피 흘리기를 좋아하는 자는 온전한 자를 미워하고 정직한 자의 생명을 찾느니라

11 어리석은 자는 자기의 노를 다 드러내어도 지혜로운 자는 그것을 억제하느니라

12 관원이 거짓말을 들으면 그의 하인들은 다 악하게 되느니라

13 가난한 자와 포학한 자가 섞여 살거니와 여호와께서는 그 모두의 눈에 빛을 주시느니라

14 왕이 가난한 자를 성실히 신원하면 그의 왕위가 영원히 견고하리라

15 채찍과 꾸지람이 지혜를 주거늘 임의로 행하게 버려 둔 자식은 어미를 욕되게 하느니라

16 악인이 많아지면 죄도 많아지나니 의인은 그들의 망함을 보리라

17 네 자식을 징계하라 그리하면 그가 너를 평안하게 하겠고 또 네 마음에 기쁨을 주리라

18 묵시가 없으면 백성이 방자히 행하거니와 율법을 지키는 자는 복이 있느니라

19 종은 말로만 하면 고치지 아니하나니 이는 그가 알고도 따르지 아니함이니라

20 네가 말이 조급한 사람을 보느냐 그보다 미련한 자에게 오히려 희망이 있느니라

21 종을 어렸을 때부터 곱게 양육하면 그가 나중에는 자식인 체하리라

22 노하는 자는 다툼을 일으키고 성내는 자는 범죄함이 많으니라

23 사람이 교만하면 낮아지게 되겠고 마음이 겸손하면 영예를 얻으리라

24 도둑과 짝하는 자는 자기의 영혼을 미워하는 자라 그는 저주를 들어도 진술하지 아니하느니라

25 사람을 두려워하면 올무에 걸리게 되거니와 여호와를 의지하는 자는 안전하리라

26 주권자에게 은혜를 구하는 자가 많으나 사람의 일의 작정은 여호와께로 말미암느니라

27 불의한 자는 의인에게 미움을 받고 바르게 행하는 자는 악인에게 미움을 받느니라

30장

1 이 말씀은 야게의 아들 아굴의 잠언이니 그가 이디엘 곧 이디엘과 우 갈에게 이른 것이니라

2 나는 다른 사람에게 비하면 짐승이라 내게는 사람의 총명이 있지 아니 하니라

3 나는 지혜를 배우지 못하였고 또 거룩하신 자를 아는 지식이 없거 니와

4 하늘에 올라갔다가 내려온 자가 누구인지, 바람을 그 장중에 모은 자 가 누구인지, 물을 옷에 싼 자가 누구인지, 땅의 모든 끝을 정한 자가 누구인지, 그의 이름이 무엇인지, 그의 아들의 이름이 무엇인지 너는 아느냐

5 하나님의 말씀은 다 순전 하며 하나님은 그를 의지 하는 자의 방패시니라

6 너는 그의 말씀에 더하지 말라 그가 너를 책망하시겠고 너는 거짓말 하는 자가 될까 두려우니라

7 내가 두 가지 일을 주께 구하였사오니 내가 죽기 전에 내게 거절하지 마시옵소서

8 곧 헛된 것과 거짓말을 내게서 멀리 하옵시며 나를 가난하게도 마옵 시고 부하게도 마옵시고 오직 필요한 양식으로 나를 먹이시옵소서

9 혹 내가 배불러서 하나님을 모른다 여호와가 누구냐 할까 하오며 혹 내가 가난하여 도둑질하고 내 하나님의 이름을 욕되게 할까 두려워 함이니이다

10 너는 종을 그의 상전에게 비방하지 말라 그가 너를 저주하겠고 너는 죄책을 당할까 두려우니라

11 아비를 저주하며 어미를
축복하지 아니하는 무리
가 있느니라

12 스스로 깨끗한 자로 여기면서도 자기의 더러운 것을 씻지 아니하는 무리가 있느니라

13 눈이 심히 높으며 눈꺼풀이 높이 들린 무리가 있느니라

14 앞니는 장검 같고 어금니는 군도 같아서 가난한 자를 땅에서 삼키며 궁핍한 자를 사람 중에서 삼키는 무리가 있느니라

15 거머리에게는 두 딸이 있어 다오 다오 하느니라 족한 줄을 알지 못하여 족하다 하지 아니하는 것 서넛이 있나니

16 곧 스올과 아이 배지 못하는 태와 물로 채울 수 없는 땅과 족하다 하지 아니하는 불이니라

17 아비를 조롱하며 어미 순종하기를 싫어하는 자의 눈은 골짜기의 까마귀에게 쪼이고 독수리 새끼에게 먹히리라

18 내가 심히 기이히 여기고도 깨닫지 못하는 것 서넛이 있나니

19 곧 공중에 날아다니는 독수리의 자취와 반석 위로 기어 다니는 뱀의 자취와 바다로 지나다니는 배의 자취와 남자가 여자와 함께 한 자취며

20 음녀의 자취도 그러하니라 그가 먹고 그의 입을 씻음 같이 말하기를 내가 악을 행하지 아니하였다 하느니라

21 세상을 진동시키며 세상이 견딜 수 없게 하는 것 서넛이 있나니

22 곧 종이 임금된 것과 미련한 자가 음식으로 배부른 것과

23 미움 받는 여자가 시집 간 것과 여종이 주모를 이은 것이니라

24 땅에 작고도 가장 지혜로운 것 넷이 있나니

25 곧 힘이 없는 종류로되 먹을 것을 여름에 준비하는 개미와

26 약한 종류로되 집을 바위 사이에 짓는 사반과

27 임금이 없으되 다 떼를 지어 나아가는 메뚜기와

28 손에 잡힐 만하여도 왕궁에 있는 도마뱀이니라

29 잘 걸으며 위풍 있게 다니는 것 서넛이 있나니

30 곧 짐승 중에 가장 강하여 아무 짐승 앞에서도 물러가지 아니하는 사
   자와

31 사냥개와 숫염소와 및 당할 수 없는 왕이니라

32 만일 네가 미련하여 스스로 높은 체하였거나 혹 악한 일을 도모하였
   거든 네 손으로 입을 막으라

33 대저 젖을 저으면 엉긴 젖이 되고 코를 비틀면 피가 나는 것 같이 노
   를 격동하면 다툼이 남이니라

31장

1 르무엘 왕이 말씀한 바 곧 그의 어머니가 그를 훈계한 잠언이라

2 내 아들아 내가 무엇을 말하랴 내 태에서 난 아들아 내가 무엇을 말하랴 서원대로 얻은 아들아 내가 무엇을 말하랴

3 네 힘을 여자들에게 쓰지 말며 왕들을 멸망시키는 일을 행하지 말지어다

4 르무엘아 포도주를 마시는 것이 왕들에게 마땅하지 아니하고 왕들에게 마땅하지 아니하며 독주를 찾는 것이 주권자들에게 마땅하지 않도다

5 술을 마시다가 법을 잊어버리고 모든 곤고한 자들의 송사를 굽게 할까 두려우니라

6 독주는 죽게 된 자에게, 포도주는 마음에 근심하는 자에게 줄지어다

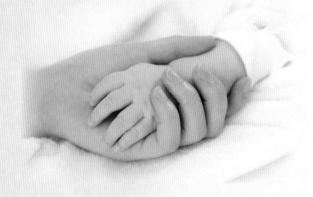

7 그는 마시고 자기의 빈궁한 것을 잊어버리겠고 다시 자기의 고통을 기억하지 아니하리라

8 너는 말 못하는 자와 모든 고독한 자의 송사를 위하여 입을 열지니라

9 너는 입을 열어 공의로 재판하여 곤고한 자와 궁핍한 자를 신원할지니라

10 누가 현숙한 여인을 찾아 얻겠느냐 그의 값은 진주보다 더 하니라

11 그런 자의 남편의 마음은 그를 믿나니 산업이 핍절하지 아니하겠으며

12 그런 자는 살아 있는 동안에 그의 남편에게 선을 행하고 악을 행하지 아니하느니라

13 그는 양털과 삼을 구하여 부지런히 손으로 일하며

14 상인의 배와 같아서 먼 데서 양식을 가져 오며

15 밤이 새기 전에 일어나서 자기 집안 사람들에게 음식을 나누어 주며 여종들에게 일을 정하여 맡기며

16 밭을 살펴 보고 사며 자기의 손으로 번 것을 가지고 포도원을 일구며

17 힘 있게 허리를 묶으며 자기의 팔을 강하게 하며

18 자기의 장사가 잘 되는 줄을 깨닫고 밤에 등불을 끄지 아니하며

19 손으로 솜뭉치를 들고 손가락으로 가락을 잡으며

20 그는 곤고한 자에게 손을 펴며 궁핍한 자를 위하여 손을 내밀며

21 자기 집 사람들은 다 홍색 옷을 입었으므로 눈이 와도 그는 자기 집 사람들을 위하여 염려하지 아니하며

22 그는 자기를 위하여 아름다운 이불을 지으며 세마포와 자색 옷을 입으며

23 그의 남편은 그 땅의 장로들과 함께 성문에 앉으며 사람들의 인정을 받으며

24 그는 베로 옷을 지어 팔며 띠를 만들어 상인들에게 맡기며

25 능력과 존귀로 옷을 삼고 후일을 웃으며

26 입을 열어 지혜를 베풀며 그의 혀로 인애의 법을 말하며

27 자기의 집안 일을 보살피고 게을리 얻은 양식을 먹지 아니하나니

28 그의 자식들은 일어나 감사하며 그의 남편은 칭찬하기를

29 덕행 있는 여자가 많으나 그대는 모든 여자보다 뛰어나다 하느니라

30 고운 것도 거짓되고 아름다운 것도 헛되나 오직 여호와를 경외하는 여자는 칭찬을 받을 것이라

31 그 손의 열매가 그에게로 돌아갈 것이요 그 행한 일로 말미암아 성문에서 칭찬을 받으리라

좋은 태교를 위한 조언

잠언은 사람들에게 지혜, 정직, 성실, 겸양 등의 가치를 알려주고 있습니다. 내 아이가 누구보다 바르고 지혜롭고 온유한 사람이 되어 세상의 소금이 되길 바라는 엄마에게 태교의 귀한 길잡이가 되어주길 바라는 마음으로 준비했습니다. 하루하루 우리 아기를 만나는 설레임으로 지내온 280일, 《내 아이를 위한 태교 잠언 쓰기》가 엄마의 사랑으로 자라고 있는 아기에게 엄마의 따뜻한 눈빛 같고, 부드러운 말처럼 힘이 되어주길 바랍니다.

임신했을 때 태아의 두뇌 발달에 좋은 조건이란 무엇일까요?

태아의 뇌는 임신 4~6개월 사이에 많이 발달하며 사고, 감정, 운동중추가 있는 대뇌피질 부분이 성장하게 됩니다. 따라서 두뇌가 성장하는 데 필요한 영양분과 산소 공급을 풍부하게 해줘야 합니다.

또한 두뇌 발달을 위해서는 적절한 태교가 필요합니다. 태교는 임신 중에 태아의 건강과 두뇌 발달 등을 위해 엄마가 실천해야 하는 일을 말합니다.

임신 중에는 엄마의 감정 상태가 태아에게 고스란히 전달됩니다. 엄마가 화를 내고 있으면 태아도 비슷한 감정 상태에 놓이게 되고, 엄마가 스트레스로 긴장하게 되면 스트레스 호르몬인 아드레날린, 엔도르핀, 스테로이드 호르몬이 태반을 통과하여 태아에게도 똑같은 긴장감과 흥분 상태를 유발시킵니다. 특히 이때 분비되는 아드레날린은 엄마의 자궁 근육을 수축시켜서 태아에게 전해지는 혈류량을 떨어뜨려 산소와 영양분의 충분한 공급을 막아 뇌에 치명적인 손상을 입힐 수도 있습니다.

임신으로 인한 불안감, 초조, 앞으로 닥칠 출산의 고통 등 다양한 변화로 복잡한 감정을 겪는 엄마에게 도움이 될 수 있도록 기본 지식을 소개합니다.

임신 초기

두뇌가 형성되는 임신 1~2개월

태아의 크기는 2~3㎝, 몸무게는 1~2g 정도로, 초음파로 임신 여부를 알 수 있으며 엄마의 자궁에 양수가 차게 되고, 체온이 높아집니다. 감기와 비슷한 증상이 나타나서 감기로 오해할 수도 있습니다. 임신임을 확인하면 무거운 물건을 드는 등 과격하거나 무리한 일을 하지 말고 갑작스런 신체 변화로 인해 발생할 수 있는 불안하고 초조한 마음을 다스리는 데 효과적인 명상 태교를 하는 것이 좋습니다.

기억력이 생기는 임신 3개월

태아의 키는 약 9㎝, 무게는 약 20g 정도이며 머리, 몸통, 팔, 다리를 구분할 수 있습니다. 얼굴의 윤곽이 잡히는 한편 뇌가 발달하기 시작하는 단계로 외부 자극을 기억하게 되고 엄마의 행동이 뇌에 전달되어 흔적을 남기게 됩니다. 엄마는 유방이 크게 부풀고 단단해지며 소변이 자주 마렵고 변비가 생기기도 합니다. 입덧으로 인해 음식 섭취가 어려울 수도 있으니 영양분 섭취에 각별히 주의해야 하며 이때가 유산 위험이 가장 높은 시기입니다.

따라서 태교 일기를 쓰며 엄마와 아기를 위한 음식 태교를 해야 합니다.

임신 중기

감정이 생기기 시작하는 임신 4개월

태아의 키는 15~18㎝, 몸무게는 100g 정도로 성별 구분이 가능하고 몸을 움직이기 시작하는 시기입니다. 일생을 통틀어 두뇌 발달이 가장 활발해지며 기쁨, 불안 등의 감정이 생기기 시작합니다. 엄마는 식욕이 생기고 자궁이 커지면서 요통을 느끼기도 하고 배가 조금씩 나오기 시작합니다. 유산의 가능성도 아직 큰 시기이므로 정신적, 신체적 충격을 받지 않도록 하며 몸을 너무 조이는 옷은 피하고 통풍이 잘되는 면옷 등을 입는 것이 좋으며 병원 정기 검진을 충실히 받아야 합니다.

소리를 들을 수 있는 임신 5개월

머리카락이 자라기 시작하고 손톱, 발톱이 생기며 출생 시 태아 뇌의 약 80% 이상이 이때 발달합니다. 특히 청각이 발달해 외부의 소리를 들을 수 있으니 음악 태교와 태담을 시작하면 좋습니다. 엄마는 태동을 처음 느끼게 되며 체중이 증가하기 때문에 체중 조절에 신경 써야 합니다.

외부와의 교류가 시작되는 임신 6개월

속눈썹과 머리카락이 완전하게 만들어지고, 바깥 세상의 자극에 반응을 보일 정도로 태아의 성장 속도가 눈에 띄게 빨라지는 시기입니다. 엄마의 배도 눈에 띄게 나오며 땀이 많아지고 모유 수유 준비를 위해 유방 마사지를 시작하는 동시에 의사와 상담 후 철분제를 복용하는 것이 좋습니다. 체중이 많이 늘어나는 시기이므로 수영, 산책 등의 운동 태교를 하며 바깥 세상의 자극에 반응하는 태아를 위해 좋은 환경을 만들어주어야 합니다.

감정을 표현하기 시작하는 임신 7개월

태아가 약 41cm의 키에 1.5kg 이상의 몸무게를 갖게 되는 시기로, 엄마의 배도 많이 불러 몸을 구부리거나 무거운 짐을 드는 등의 과격한 행동은 피해야 합니다. 배가 당기는 증상이나 태아가 위장을 눌러 소화불량 증세가 나타나기도 하며 배, 유방, 젖꼭지 등에 검붉은 임신선이 보입니다.

태아의 청각이 발달해 외부에 대한 반응도 빨라지고 좋은 소리, 싫은 소리도

구분하며 엄마 목소리에 발을 차는 등의 감정 표현을 시작합니다. 뇌 또한 발달하여 몸 전체를 스스로 조절하는 시기인 만큼 음악 태교, 아빠와 함께하면 더 효과적인 태담 태교를 하면 좋습니다.

임신 후기

소리의 강약을 구분하는 임신 8개월

2.5kg 정도의 몸무게에 약 45㎝로 자란 태아는 아홉 개의 구멍이 모두 완성되며 신체 균형이 잡힐 뿐만 아니라 머리 골격도 단단해집니다. 소리의 강약에 따라 엄마의 기분을 느낄 수 있으므로 엄마의 행복에 따라 태아의 행복도 결정됩니다. 출산에 대비한 준비를 시작해야 하며 자궁이 커져서 횡격막을 누르게 되므로 숨이 차고 소화도 잘 안 되며 임신선, 정맥류, 요통 등이 더욱 심해져서 손발이 붓게 되는 시기입니다.

분만에 대한 두려움을 극복하고 태아의 정서 발달을 위해 명상 태교, 미술 태교, 음악 태교를 꾸준히 하는 것이 좋습니다.

배냇짓을 하는 임신 9개월

폐의 기능이 완성되는 단계인 이 시기의 태아는 약 46㎝의 키에 몸무게는 2.8kg 정도가 되어 호흡을 하거나 젖을 빠는 동작도 어느 정도 가능해집니다. 태아 혼자 웃는 배냇짓이 시작되며 엄마는 소화가 잘 안 되고 기미 주근깨가 늘어나므로 음식을 조금씩 자주 먹는 것이 좋습니다.

몸의 균형을 잘 잡지 못해 다칠 수 있는 만큼 오랜 시간 서 있는 일들은 가급적 피하고 손을 많이 쓰는 뜨개질, 바느질, 필사 등의 태교를 하면 좋습니다.

머리를 골반에 두는 임신 10개월

몸무게가 3kg을 넘어서면서 세상에 나올 준비를 시작한 태아는 발길질을 멈추고 몸을 작게 오므려 엄마의 골반에 머리를 두게 됩니다. 태아의 머리가 밑으로 내려와 엄마의 속은 편해지지만 방광이 눌려서 화장실을 자주 가게 되고 분비물이 증가하는 만큼 자주 목욕을 하고 언제든지 병원에 입원할 수 있도록 출산 준비를 해두어야 합니다. 출산을 기다리며 태담 시간을 자주 갖는 것도 좋습니다.

엄마의 마음은 태아의 마음이며 태교는 일상이어야 합니다

임신부가 주는 자극은 활발한 두뇌 신경세포 분열기에 있는 태아의 성장을 결정합니다. 따라서 좋은 그림, 좋은 음악을 들으면서 편안하고 즐거운 감정을 갖으면 태아의 뇌에 전달되어 좋은 영향을 미치게 됩니다.

태교는 온 가족이 함께 해야 합니다

아빠는 물론, 임신부와 함께 생활하는 가족의 다정한 관계, 다정한 대화는 산모의 기분을 좌우해서 태아의 두뇌와 정서 발달에 가장 중요한 요소가 됩니다.

고른 영양 섭취는 태아를 건강하고 똑똑하게 합니다

단백질 부족은 저체중아를 낳을 수도 있으며 정상적으로 태어난다 하더라도 성장이 늦거나 질병에 감염될 위험이 높습니다. 신경세포의 성장에는 적절한 포도당 섭취가 중요하며 뇌세포에 가장 많이 포함되어 있는 지방 역시 꼭 섭취해야 하는 영양소입니다. 이처럼 태아 시기의 영양 결핍은 우리 몸의 신진대사 체계를 영원히 변화시킬 수 있을 만큼 치명적이므로 필수 영양소 외에도 각종 비타민제와 여러 종류의 미네랄 섭취도 신경 써야 합니다.

참고 도서: 서울대 의대 교수, 한국뇌연구원 원장 서유헌 교수의 《태교 동화》